Frag Jesper Juul - Gespräche mit Eltern

AF648587

Renate Götz Verlag

Jesper Juul

wird seit 1995, als er das in Dänemark am häufigsten verkaufte Buch über Kinder, „Das kompetente Kind", schrieb, als einer der führenden skandinavischen Familien- und Kindertherapeuten betrachtet. Seitdem hat er eine Reihe beliebter Bücher zum Thema Familienleben herausgebracht. 2003 gründete er familylab International, das in 9 europäischen Ländern zahlreiche Seminare anbietet. Lesen Sie mehr über Jesper Juuls Theorien und familylab auf Seite 137 oder im Internet auf jesperjuul.com, familylab.at, familylab.de und family-lab.com

Pernille W. Lauritsen

ist professioneller Coach und arbeitet seit mehr als einem Jahrzehnt mit Familien und Führungskräften. Sie ist Präsidentin der International Coachfederation (ICF) in Dänemark und Mitbegründerin des anerkannten „Mindjuice" Coaching Institutes, das für seine fundierten Coaching-Programme in Dänemark und Kalifornien bekannt ist. Mehr dazu erfahren Sie auf mindjuice.dk.

Bücher von Jesper Juul

Nein aus Liebe
Die kompetente Familie
Was Familien trägt
Aus Erziehung wird Beziehung
Vom Gehorsam zur Verantwortung
Was gibt's heute?
Unser Kind ist chronisch krank
Das kompetente Kind
Grenzen, Nähe, Respekt

DVDs/CDs

DVD Pubertät ist eine Tatsache keine Krankheit
DVD Wenn Kinder Jugendliche werden
DVD Was erzieht wirklich?
DVD Erziehen mit Herz und Hirn
CD Nein aus Liebe
DVD Invitations and Integrity

Das gesamte Programm ist im Renate Götz Verlag erhältlich!
www.rgverlag.com

Jesper Juul
Pernille W. Lauritsen

Frag Jesper Juul – Gespräche mit Eltern

Alltagsleben in der Familie

Übersetzung aus dem Dänischen von
Christian Andersen

Renate Götz Verlag

Titel der Originalausgabe:
Samtaler med forældre – hverdagsliv i familien
Erschienen im Verlag Apostrof, Kopenhagen 2009
Copyright © by Jesper Juul & Pernille W. Lauritsen 2009

Aus dem Dänischen übersetzt von Christian Andersen
Alle Rechte an der Übertragung ins Deutsche bei
Renate Götz Verlag, A-2731 Dörfles, Römerweg 6

Deutsche Erstausgabe August 2009
Copyright © by Renate Götz Verlag
A-2731 Dörfles, Römerweg 6
e-mail: info@rgverlag.com
www.rgverlag.com

Bildnachweis:
Cover Seite 1: Titelfoto Jesper Juul © by Vanja Vukovic . www.vanja-vukovic.de
Cover Seite 4: Jesper Juul © by Jesper Juul, familylab International
Pernille W. Lauritsen © by mindjuice.dk, Fotograf: Tim Bjørn

Layout und Gesamtgestaltung © by outLINE|grafik Eva Denk
A-2340 Mödling . www.outlinegrafik.at

Produktion: Druckerei Paul Gerin, Wolkersdorf . www.gerin.co.at
Printed in Austria

Alle Rechte vorbehalten. Kein Teil des Werkes darf in irgendeiner Form
(Druck, Kopie oder einem anderen Verfahren) ohne schriftliche Genehmigung
des Verlages reproduziert oder unter Verwendung elektronischer Systeme verarbeitet,
vervielfältigt oder verbreitet werden.

ISBN 978-3-902625-07-6

Inhalt

Hinweis

Alle Namen sind verändert, sodass Rückschlüsse auf die realen Personen nicht möglich sind.
Im Sinne einer guten Lesbarkeit wurde auf die heute übliche Schreibweise LehrerInnen, PädagogInnen usw. verzichtet, es mögen sich aber bitte jeweils weibliche wie männliche Personen angesprochen fühlen.

Wir haben die Übersetzung dem Original bewusst möglichst nahe gehalten, um den Ausdruck Jesper Juuls und die Emotionen der Eltern und Kinder beizubehalten.

Vorwort

Es besteht kein Zweifel daran, dass heutige Familien vielen Herausforderungen gegenüberstehen. Wir können uns nicht am Wissen unserer Eltern, an dem, was man damals tat, anlehnen. Es ist entscheidend zu verstehen, dass neue Zeiten neue Herausforderungen für die Familie mit sich bringen.

Der ständig wachsende Wunsch von Eltern, gute Eltern zu sein, stets das Richtige oder sogar Perfekte zu tun, wird schnell, oft sogar vor der Geburt des Kindes, unverhältnismäßig groß. Es ist, als ob diesem Perfektionismus eine Erwartung zu Grunde liegt, nach der perfektes Verhalten der Eltern zu problemfreien Kindern führt. Ein Kind kann damit zum Beweis dafür werden, dass ich es gut gemacht habe.

Das immerwährende Verlangen danach, gute Eltern zu sein, bringt viele dazu, auf Nachbarn, Kindergarten, Schule oder Fernsehen zu schielen, um die „richtigen" Lösungen zu finden, und damit sickert die persönliche Führungsposition langsam aus der Elternrolle.

Kinder brauchen die Persönlichkeit der Eltern, um die Bindung zu spüren und sich verbunden zu fühlen. Sie sind darauf angewiesen, Grenzen und Gefühle authentisch und nicht als Installationen moderner Prinzipien zu erleben.

Vor nur 20 Jahren war es viel einfacher, seinem Kind gegenüber ein persönliches Nein zu vertreten. Vielen standen weniger Geld und Mittel zur Verfügung, um ihren Kindern ungeahnte Mengen Geburtstagsgeschenke, geschweige denn tägliche Geschenke, Erlebnisse, Markengewand, Extras für die Jause und Ähnliches zu geben.

Heutzutage können sich die meisten Leute viel mehr leisten und selbst in der Finanzkrise zeigen Untersuchungen, dass Kindersachen zu den Dingen gehören, an denen am wenigsten gespart wird. Das Nein wird für viele zu einem Prinzip, das im Namen der Perfektion von Zeit zu Zeit eingespart wird, anstatt herauszufinden, was man eigentlich meint. Das Gleiche gilt für einen ganzen Berg angelernter Prinzipien und Haltungen bezüglich Schlafenlegen, Essensgewohnheiten, Schulaufgaben, Strafen, Fernsehzeiten, Bettruhe usw.

Jesper Juuls Gedanken zum Familienleben sind nach wie vor originell und kreativ. Sie sind eine solide und alternative Grundlage dafür, was wir als Familien mit Kindern im neuen Jahrtausend benötigen. Wir müssen herausfinden, was wir selbst meinen, damit wir unseren Kindern wertebasierende Haltungen mitteilen können, damit sie ebenso lernen, zum Leben persönlich Stellung zu nehmen.

Ohne die persönliche Stellungnahme werden die Beziehungen leicht ausgehöhlt und leer, wobei es oft damit anfängt, dass das Elternpaar, das sein erstes Kind bekommt, kaum weiß, welche enormen Vorteile es der Beziehung bringt, in den vielen notwendigen Entscheidungen von Anfang an persönlich zu sein. Angefangen bei der Frage, ob das Kind gestillt werden oder Muttermilchersatz bekommen soll, oder in welcher Kinderbetreuungseinrichtung das Kind angemeldet werden soll. Die Experten stehen mit Ratschlägen bereit, aber nur die wenigsten betonen, wie wichtig es ist, dass die Eltern selbst fühlen, was genau für sie und ihr Kind das Richtige ist.

In diesem Buch haben wir uns entschlossen, 16 sehr verschiedene Familien vorzustellen, die alle verschiedenen Werten, Bedürfnissen und Herausforderungen in verhältnismäßig normalen Problemstellungen gegenüberstehen. Die Familien entstammen einer Gruppe von 100 Familien, die Jesper Juul und ich in den letzten fünf Jahren getroffen haben und die freigiebig genug waren, uns Einblick in Teile ihrer innersten Gedanken, Gefühle und Frustrationen im Familienleben zu geben.

Als professionelle Autorin und Coach habe ich mit den Familien ein einleitendes, danach hat Jesper Juul ein 1 bis 2-stündiges Gespräch geführt, bei dem ich anwesend war. Etwas später habe ich ein weiteres Mal mit der Familie gesprochen.

Die Geschichten bezeugen, wie wichtig es ist, persönlich Stellung dazu zu beziehen, was jeder von uns für richtig hält, kombiniert mit der Bereitschaft, der Wirklichkeit ins Auge zu sehen. Ist es beispielsweise so verwunderlich, dass ein fünfjähriges Mädchen seinen kleinen Bruder mobbt? Ist es nicht naheliegend, dass es die Geburt des Bruders als Verlust empfindet, und genauso naheliegend, dass es diesen Verlust nur verwinden kann, wenn ihm mit Verständnis begegnet und ihm geholfen wird, seine Wut und Traurigkeit wieder loszuwerden?

Wie Jesper Juul in einem der Kapitel in diesem Buch schreibt, haben Eltern heutzutage sehr unrealistische Erwartungen, sowohl an sich selbst als auch in Bezug darauf, was ihre Kinder in einem bestimmten Alter lernen sollen. Das ist eine ewige Quelle für Konflikte und Gefühle des Scheiterns auf beiden Seiten des Tisches.

Beispielsweise sind die Erwartungen der Eltern an kindliche Lernfähigkeit oft viel zu hoch. Ein Kind kann erst ab etwa vier bis fünf Jahren ein Nein vollständig integrieren und bereits wenn das Kind drei Jahre ist, ärgern sich viele Eltern darüber, dass das Kind einem Nein nicht folgt.

Wenn wir uns umschauen, haben Begriffe wie Geschwindigkeit nahezu religiösen Charakter bekommen, ungeachtet dessen, dass die meisten Kinder in der Früh mehr Zeit brauchen, um fertig zu werden, als sie je bekommen, und allmorgendlich erwarten die Eltern wieder, dass sie schnell fertig werden sollen.

Gleichzeitig werden Pausen gemieden und die gemeinsame Zeit soll mit Inhalt gefüllt werden. Unser Leben ist unglaublich lustbetont geworden und Gelüste wollen schnell erfüllt werden, aber unsere eigentlichen Bedürfnisse werden dabei übersehen. Beispielsweise das Bedürfnis nach Ruhe, um nachzufühlen, was wir als das Beste für unsere Kinder empfinden, und dies in einer sinnvollen Weise auszuformulieren.

Die Sitzungen, die Jesper und ich mit den Familien in den vergangenen fünf Jahren hatten, wurden oft mit tiefen Seufzern und einem Ausbruch beendet: „Ich bin so erleichtert, dass ich es richtig gespürt habe“ oder „Endlich bin ich in dem bestärkt worden, was ich für wirklich richtig hielt.“ Diese Worte sprudelten aus den Mündern von jungen und älteren Müttern und Vätern, Patchwork- und Singleeltern.

Wir haben es wieder und wieder gehört, egal ob es um die Handhabung von Schulbesuch oder Schulaufgaben, Mobbing, Ernährung, Geschwister oder um Bettgehzeiten, Konsequenzen und In-die-Ecke-Stellen ging.

Jesper Juul erinnert uns daran, dass Kindererziehung ein gegenseitiger Lernprozess ist und dass wir uns in der Elternrolle entwickeln müssen, wenn wir uns Kinder wünschen, die neue Fertigkeiten entwickeln sollen. Mehr als andere kehrt Jesper Juul zu der Tatsache zurück, dass Kinder sich in einem sicheren Rahmen wünschen, selbständige Individuen zu werden und dass wir sie das nur lehren können, wenn wir ihnen schrittweise Verantwortung übertragen, ihnen unser Vertrauen zeigen und ihnen Fehler zugestehen - ein Prozess, der bei der Geburt des Kindes beginnt.

Frag Jesper Juul - Gespräche mit Eltern wurde für Familien mit Kindern in jedem Alter geschrieben. Wir alle sind die Kinder unserer Eltern. Unsere Familien haben eine zentrale Bedeutung für unsere Entwicklung als Menschen.

Die folgenden Gespräche mit Eltern wurden in den Zeitschriften „Vores børn" und „Junior" gedruckt.

Pernille W. Lauritsen
Mitbegründerin von familylab Dänemark

Erziehung oder Begleitung?

Jede Generation hat vorsichtige Änderungen in der Kindererziehung, die im letzten Jahrhundert zunehmend human wurde, vorgenommen. In den letzten 15 Jahren haben wir erlebt, dass Eltern etwa alle vier Jahre einen neuen Trend erschaffen. Durch ein chaotisches Wechselspiel zwischen Medien, Müttergruppierungen, Freunden und Fachleuten werden diese Tendenzen auf unvorhersehbare Weise geschaffen und neue Eltern haben den Eindruck, dass sie sich danach richten müssen. Eine dieser Tendenzen, nämlich die Notwendigkeit Kinder zu erziehen, hält sich seit mittlerweile zehn Jahren. Deshalb erscheint es sinnvoll zu klären, was Erziehung ist und was wir meinen, wenn wir von Erziehung reden.

Wenn wir meinen, dass Kinder erzogen werden sollen, haben die meisten das eine oder andere Ziel vor Augen. Es können alltägliche Ziele sein, wie beispielsweise, dass Kinder bei Tisch ordentlich sitzen und essen sollen. Dass sie lernen sollen, schön mit anderen Menschen zu sprechen oder auch etwas fernere Ziele. Diese ferneren Ziele sind nahezu immer eine Mischung aus elterlichen Normen, Werten und Ambitionen und politischen und gesellschaftlichen Zielen. Eigentlich lohnt es sich, drei Fragen zu bedenken: Welche Kinder wollen die Eltern haben? Welche Kinder will die Gesellschaft haben? Welche Kinder wollen die Kinder haben?

Als Eltern beschäftigen wir uns am meisten damit, was gut für unsere Kinder ist und was ihnen schadet - um es etwas vereinfacht auszudrücken. Oder sind wir in Wirklichkeit die meiste Zeit selbstbezogen? Wie oft tun wir etwas, im Grunde genommen um unser eigenes Selbstbild zu stärken oder uns besser zu machen, als wir sind? Als Grundlage für die Beantwortung dieser fundamental wichtigen Fragen kläre ich als Fachmann zuerst, was wir über die mentale, gefühlsmäßige und physische Gesundheit des Menschen wissen. Was fördert die Fähigkeit von Kindern, ihr eigenes Leben mit anderen Menschen zu leben, und was beeinträchtigt ihre Vitalität, Lebensfreude und ihre Fähigkeit, sich um sich selbst zu kümmern, ohne andere zu kränken?

Das Wort Erziehung umfasst mehrere Bedeutungen. Fachleute sprechen von Sozialisation und meinen die Notwendigkeit, dass Kinder sich den Normen und der Kultur einer Gesellschaft anpassen. Wir sprechen von Erziehung und meinen unser Bedürfnis, Respekt vor elterlichen oder institutionellen Werten zu lehren. Und weiters meinen viele damit Konditionierung. Konditionierung ist das, was der russische Psychologe Pawlow tat, als er seine Hunde mit Essen belohnte, wenn sie taten, was er wollte, und mit Schmerzen bestrafte, wenn sie nicht gehorchten.

In den letzten Jahren haben wir zwei nachteilige Trends gesehen. Der eine ist, dass Eltern unrealistische Vorstellungen davon haben, wie früh Kinder das lernen können, was Eltern meinen, dass sie lernen sollten. Der zweite ist die gestiegene Nachfrage nach Konditionierungstricks, also die Frage danach, was ich tun soll, damit ich möglichst schnell das Kind bekomme, das ich haben will. Beides führt dazu, dass Eltern hyperaktiv, frustriert und erschöpft werden, und das Gleiche geschieht mit den Kindern, die sich unter Druck setzen, um ihre Eltern froh und zufrieden zu machen.

Sind die Kinder nicht arm, könnte man fragen. Ja, das sind sie sicher, aber mich beschäftigt es vor allem, dass vorerst die Eltern leiden. Sie werden gestresst und verlieren die Fähigkeit, sich über ihre Kinder zu freuen. Die Freude wird langsam durch Sorge ersetzt. Sie vernachlässigen sich und ihre Beziehung und rauben ihren Kindern fundamental Wichtiges.

In den ersten drei bis vier Lebensjahren gibt es eigentlich keinen Grund Kinder zu erziehen. Sie brauchen nur gute Vorbilder und empathische Begleitung.

Das ist nicht ganz richtig. Die Wahrheit ist, dass das Meiste, das

erziehend und sozialisierend wirkt, zwischen den Zeilen passiert. Es geschieht nicht, wenn wir Erwachsene uns als Eltern verkleiden und mit der Erziehungsarbeit beginnen. Also selbst ohne einen einzigen erziehenden Satz unseren Kindern gegenüber wären sie ständig Erziehung ausgesetzt. Kinder werden durch alles, was wir tun und sagen, geformt, manipuliert und erzogen, durch alles, was in uns und zwischen uns geschieht. Ihr Wille, sich der Umgebung anzupassen, ist enorm. Auch ihr Wille, sich um die eigene Integrität und Eigenart zu kümmern, ist stark, allerdings nicht so ausgeprägt wie der Anpassungswille.
Kinder lernen brav bei Tisch zu sitzen, wenn die Eltern das tun. Sie lernen, sich persönlich auszudrücken und zivilisiert mit Fremden zu sprechen, wenn ihre Eltern das tun. Sie lernen mit anderen zusammenzuarbeiten, wenn die Eltern das können, und genauso lernen sie auch die weniger schönen Seiten ihrer Eltern kennen. Das Problem ist häufig, dass Eltern und Pädagogen nicht die vier bis fünf Jahre warten können, die normale Kinder brauchen, um all das zu integrieren. Vor zwei Generationen wurde das Kommando „Benimm dich!“ ausgegeben, jetzt lautet es „Beeile dich!“
Es lohnt sich, Kinder als Wesen eines anderen Planeten anzusehen, die zu Besuch gekommen sind. Sie tun ihr Bestes und wenn wir den Eindruck haben, dass das nicht gut genug ist, brauchen sie einen Guide. Wenn der einjährige Frederik die Treppe erklimmt (von der er mit hoher Wahrscheinlichkeit herunterfallen wird), ist es ausreichend, seine Aufmerksamkeit zu ergattern, ihm mit einem freundlichen „Frederik!“ in die Augen zu sehen und zu sagen: „Du kannst die Treppe noch nicht alleine hochgehen. Soll ich dir helfen?“ In der Regel dauert es zehn bis zwanzig Sekunden, bevor seine Mimik „Ja bitte“ ausdrückt oder er sein Vorhaben aufgibt. Manche Kinder haben so viel Energie, dass man sich anstrengen muss, ihre Aufmerksamkeit zu bekommen, aber ohne Kontakt ist Erziehung unmöglich und - noch wichtiger: Ein großer Teil von dem, was wir Erziehung nennen, behindert den notwendigen Kontakt. Kleine Kinder wollen meist tun, was sie noch nicht können. So lernen und entwickeln sich Menschen aller Altersklassen.
Wenn das Verhältnis zwischen unserer bewussten, intentionalen Erziehung und der Erziehung zwischen den Zeilen 1:9 ist, haben

wir wenig Kontrolle darüber, was Kinder wie lernen. Erziehung zwischen den Zeilen wird von Kindern mit allen Sinnen aufgenommen, fast so wie Pflanzen Sauerstoff mittels Osmose aufnehmen. Wenn wir mit dem Resultat nicht zufrieden sind, müssen wir nach innen blicken und unser eigenes Verhalten, das uns vorher vielleicht nicht bewusst war, korrigieren. Erziehung dreht sich viel mehr darum, wie und warum wir etwas machen, als darum, was wir machen. Mache ich etwas, weil ich aufrichtig meine, dass es meinem Kind auf lange Sicht am dienlichsten ist? Mache ich es für einen kurzsichtigen Gewinn? Mache ich es, um mein Image oder Selbstbild zu stärken? Mache ich es, um einem Konflikt auszuweichen? Mache ich es, um auf der richtigen Seite zu sein, oder - noch schlimmer - um perfekt zu sein?

Dieses Wechselspiel zwischen der kindlichen Fähigkeit zu Zusammenarbeit, Anpassung und dem Experimentieren mit den eigenen Möglichkeiten und Grenzen und der Fähigkeit der Eltern zur Begleitung und Korrektur des eigenen Verhaltens ist ideal für beide Seiten. Nachdem die meisten Kinder einen großen Teil ihrer wichtigsten Jahre in pädagogischen Institutionen verbringen, die nicht so gute Bedingungen bieten können, ist der elterliche Einsatz entscheidend für die Entwicklung der Kinder. Das bedeutet nicht, dass Kinder generell in Kindergarten oder Krippe Schaden davontragen. Es bedeutet nur, dass sie einen Teil der Vitamine nur in der Familie bekommen können. Eines der wichtigsten Vitamine, das Kinder brauchen, ist das Vitamin A (Aufmerksamkeit). Also die Fähigkeit und der Wille der Eltern, ihr Kind zu sehen und vor allem auf seine Bereitschaft zur Anpassung aufmerksam zu sein. Wenn ein Kind zu ambitionierter und projektartiger Erziehung ausgesetzt ist, entspricht das dem Versuch, Gras und Blumen durch Ziehen zum Wachsen zu bewegen. Wie jedes Kind weiß, geschieht das Gegenteil. Die Wurzeln der Pflanzen werden schwach und verlieren langsam die Fähigkeit, Nahrung aus der Umgebung aufzusaugen. Der ungeduldige Gartenbesitzer kann fertiges Gras in Rollen kaufen - Eltern tun gut daran, geduldig zu sein und das Kind das Tempo bestimmen zu lassen.

Unser Kind schläft nicht

Die acht Monate alte Lærke will nur dann schlafen, wenn sie davor stundenlang gestillt wird. Die Eltern haben versucht, das dem Kind abzugewöhnen, die Mutter fürchtet aber, dass diese Methode zu hart sei. Jesper Juul erklärt, das Wichtigste ist, dass es ihnen mit der gewählten Methode gut geht.

Brief an familylab

Unsere Tochter Lærke ist acht Monate alt und will nur dann schlafen, wenn ich ihr zuvor teilweise stundenlang die Brust gebe. Ich bin es bald leid, dass die Verantwortung, sie zum Schlafen zu bewegen, auf mir lastet. Wir sind deshalb zu einer Methode des Schlafenlegens übergegangen, bei der man „Gute Nacht" sagt, sie hinlegt und sie dann immer länger weinen lässt, bevor einer von uns sie trösten geht. Das scheint zu wirken, aber wir zweifeln, ob es richtig ist, eine solch strikte Methode bei unserem kleinen Kind anzuwenden.

Viele Grüße
Mette und Anders

Das Gespräch

Jesper Juul: Was kann ich für Sie tun?
Mette: Unsere kleine Tochter will nicht schlafen und wir haben verschiedene Methoden versucht, sie zum Schlafen zu bringen. Zuerst bekam sie lange die Brust, aber das war für mich auf Dauer frustrierend. Jetzt sind wir dazu übergegangen, sie trotz Weinens niederzulegen und nach drei Minuten nach ihr zu schauen. Ich finde das hart, dass wir einfach so von ihr weggehen, wenn sie schlafen soll.
Jesper Juul: Was denken Sie, Anders?
Anders: Ich empfinde es auch als hart. Aber ich habe von Kollegen gehört, dass es wirkt. Es ist auch immer kürzer geworden. Nur gestern dauerte es länger, weil sie übermüdet war. Aber ich bin manchmal besorgt, dass unsere Methode sie trauriger macht.

Das Problem mit Kindern ist, dass alles wirkt, und je roher man sie behandelt, desto wirkungsvoller.

Mette: Zu Beginn dauerte es eine dreiviertel Stunde, bis sie schlief, aber nun dauert es nicht so lange. Jetzt wird sie eher sauer und meckert, als dass sie richtig weint.
Jesper Juul: In dem Alter wird man nicht sauer (lächelt). Man wird frustriert!
Sie erwähnen zweierlei: Vier Stunden Brust geben und die 3 bis 5-Minuten-Methode. Beide bisher beschrittenen Wege sind extrem. Ausschlaggebend ist nicht die Strategie, die man wählt, sondern der Tonfall. Sie ist ja absolut unschuldig. Sie hat sich an das erste System mit dem Stillen angepasst und wird sich auch an das nächste anpassen. Kinder passen sich an was auch immer an.
Lærke braucht nicht korrigiert zu werden, Sie hingegen. Sie müssen sich mit dem, was Sie tun, wohl fühlen. Wenn Ihnen dieses System in so kurzer Zeit hilft, ja, dann schlucke ich das. Das Problem mit Kindern ist, dass alles wirkt, und je roher man sie behandelt, desto wirkungsvoller. Und diese Methode ist schroff!
Gleichzeitig möchte ich Sie davor warnen zu glauben, dass sie in Zukunft pünktlich schlafen wird. Als mein Sohn zwischen vier

und zehn Monate alt war, schlief er nicht mehr als eineinhalb Stunden pro Nacht.

In einem meiner Bücher habe ich vor der von Ihnen gewählten Methode gewarnt. Vor ein paar Jahren war sie in Schweden modern und ich bekam viele Emails von Eltern, die es als Fiasko empfanden, wenn sie die Methode nicht durchführen konnten. Sie hielten das nächtliche Schluchzen nicht aus.

Mette: Ich befürchte auch, dass diese Methode zu hart ist. Es fällt mir jedenfalls schwer, sie durchzuführen.

Jesper Juul: Wie geht es Ihnen damit, Anders?

Anders: Ich habe den Eindruck, dass sie gut wirkt.

Jesper Juul: Solange sie den Eindruck hat, dass Sie gelassen bleiben, ist diese Methode genauso gut wie alle anderen 47 Methoden. Sie scheint ja bei ihr relativ schnell zu wirken. Wenn diese Methode nach wenigen Tagen wirkt, ist sie akzeptabel.

> Vielleicht ist Ihr Herz nicht bereit loszulassen und dann arbeitet Lærke mit Ihren Gefühlen.

Lærke braucht jetzt Eltern, die zuversichtlich sind bei dem, was sie machen. Wenn sie das Gefühl bekommt, dass Sie glauben, dass etwas falsch läuft, dann kann es bei ihr Unsicherheit bewirken, wenn Sie gehen.

Anders: Soll das heißen, dass die Methode in Ordnung ist?

Jesper Juul: Was diese Methode jetzt macht, ist, Ihnen Sicherheit zu geben. Wenn Sie als Vater ein engstirniger Mensch wären, dann sollten Sie eine solch schroffe Methode gar nicht verwenden, weil Sie sonst noch mehr Radau und Protest von Ihrem Kind ernten. Aber Sie sind runde und weiche Eltern, weshalb sie für eine kurze Zeit eine gute Methode ist.

Wenn Sie alle dänischen Säuglingsschwestern befragen, wird die eine Hälfte die Methode als falsch empfinden und die andere meinen, dass sie richtig ist.

Lærkes Wohlergehen ist davon abhängig, dass Sie die Verantwortung für Ihr Verhalten tragen.

Wenn sie beispielsweise als Zweijährige Schlafprobleme bekommt, dann sollten Sie bei sich selbst nachschauen. Sie ist es nicht, die geändert werden soll. Sie sollten Ihr eigenes inneres oder äußeres Verhalten ändern.

Wenn Sie die Situation unerfreulich finden, sollten Sie darüber nachdenken, was Sie dazu beigetragen haben. Nicht im Sinne einer Schuldzuweisung, die Schuldfrage ist nämlich völlig uninteressant.

Mette: Aber das fühlt sich ein wenig wie eine Niederlage an.

Jesper Juul: Das ist es nicht. Ich glaube, dass Sie genau das erleben, was viele andere Paare auch erleben - dass es Unterschiede zwischen Mann und Frau, Mutter und Vater gibt. Sie werden vielleicht herausfinden, dass sie weint, wenn Sie, Mette, sie abliefern, aber nicht, wenn Anders sie abliefert. Das ist ganz normal. Vielleicht ist Ihr Herz nicht bereit loszulassen und dann arbeitet Lærke mit Ihren Gefühlen. Kleine Kinder achten genau auf die innere Stimmung der Eltern. Das bedeutet nicht, dass Ihre innere Stimmung immer in Ordnung sein muss - das wäre ja eine unmögliche Forderung. Aber es ist etwas, auf das Sie aufmerksam sein können.

> Kleine Kinder achten genau auf die innere Stimmung der Eltern.

Im Hinblick darauf, Lærke schlafen zu legen, glaube ich, je gelassener Sie werden, desto mehr erreichen Sie, was Sie gerne haben wollen. Ich werde nie dazu kommen, ein Buch über das Ins-Bett-Bringen von Kindern zu schreiben, weil es so individuell ist, was funktioniert. Es geht darum, dass Sie bei dem, was Sie tun, zuversichtlich sind und sich wohl fühlen.

Nach dem Gespräch

Es war eine große Erleichterung zu erfahren, dass wir nichts falsch gemacht haben und dass es keine „richtige“ Methode gibt, Kinder niederzulegen. Nach der Sitzung mit Jesper Juul fiel es uns leichter, uns zu entspannen, und sofort begann Lærke sich mehr zu entspannen, wenn sie schlafen gelegt werden sollte.

Wir sind im Umgang mit der Methode milder geworden und haben stattdessen unsere eigene Ausgabe gefunden, bei der wir fünf bis zehn Minuten bei ihr sitzen, bis sie einschläft. Nach ein paar Wochen konnten wir sie mit gutem Gewissen und großteils ohne Weinen in nur einer viertel Stunde schlafen legen. Wir haben eingesehen, dass es darum geht, unsere eigene Art zu finden, wie wir die Dinge machen, statt nach der richtigen Lösung zu suchen. Mit anderen Worten, unsere eigene Art ist die richtige.

Wenn Ihr Baby Schlafprobleme hat

Wenn Ihr Kind zur Schlafenszeit traurig und unruhig ist, dann fühlen Sie bei sich selbst nach. Wie geht es Ihnen damit, Ihr Kind schlafen zu legen?
Wenn es Ihnen schwer fällt zu gehen, fällt Ihre Unsicherheit dem Kind sofort auf und es wird verunsichert. Sorgen Sie deshalb dafür, Ihr Kind so schlafen zu legen, dass Sie dazu stehen können.
Es funktioniert gut, dem Elternteil, der am gelassensten ist, das Schlafenlegen anfänglich zu überlassen. Dann kann der andere Elternteil in aller Ruhe die Gelassenheit finden und beim Schlafenlegen helfen, sobald es ihm damit gut geht.
Denken Sie daran, dass es keine richtige Weise gibt, das Kind schlafen zu legen. Wählen Sie eine Art, die in Ihrer Familie wirkt und mit der es allen gut geht. Lernen Sie vor allem die verschiedenen Tonarten des Weinens Ihres Kindes kennen. Bei tiefem, unglücklichem oder ängstlichem Weinen sollten Kinder nicht allein gelassen werden.
Erlauben Sie sich, Fehler zu machen. Es kann sein, dass Sie einige Versuche machen müssen, bevor es gelingt. Bemerken Sie unterwegs auch die kleinen Erfolge.

Wilder Junge in der Krippe

Der zweijährige Nikolas ist groß und stark und voller Energie und reißt anderen Kindern gern das Spielzeug aus der Hand. Seine Eltern befürchten, dass er als der „Terrorist" der Krippe abgestempelt wird. Jesper Juul sagt, es ist wichtig, dass Nikolas nicht schlecht gemacht wird, sondern Hilfe bekommt, seine eigene Stärke kennen zu lernen.

Brief an familylab

Unser Sohn Nikolas ist knapp zwei Jahre alt. Er ist für sein Alter groß und stark und vor allem sein Vater liebt es, mit ihm zu spielen und herumzutollen. Nach einem Gespräch mit einer Pädagogin der Krippe, die uns von Nikolas' heftigem Verhalten anderen Kindern gegenüber erzählte, wollen wir ihm beibringen, dass es Unterschiede zwischen dem Spielen mit Erwachsenen und dem mit anderen kleinen Kindern gibt. Wie machen wir das? Und wie verhindern wir, dass andere Eltern oder Pädagoginnen ihn zu sehr schelten, wenn er manchmal schlägt oder ein wenig zu grob anderen gegenüber wird? Wir kennen unseren Jungen und wissen, dass er empfindsam ist und nicht aus böser Absicht schlägt. Wir wollen verhindern, dass er zum „Terroristen" der Krippe gestempelt wird.

Liebe Grüße

Sofie und Ruben

Das Gespräch

Jesper Juul: Worüber wollen Sie sprechen?

Sofie: Unser zweijähriger Junge ist für sein Alter groß und stark und liebt es herumzudüsen. Letztens nahm mich eine Kindergartenassistentin zur Seite und erzählte, dass Nikolas manchmal anderen Kindern gegenüber etwas grob sein kann. Sie fragte, ob er zu Hause viele gewalttätige Computerspiele spielen würde. Er hat bisher weder Computerspiele gespielt noch Gewaltfilme gesehen. Er will nicht einmal zwei Minuten vor dem Fernseher still sitzen, sondern lieber hinaus, um draußen zu spielen. Er lacht viel und wir haben die meiste Zeit viel Spaß miteinander. Ruben spielt wild mit ihm, daran besteht kein Zweifel. Die beiden lieben es, am Boden herumzutollen. Später sagte eine andere Pädagogin, dass sie nicht besorgt seien, aber dass sie ihn im Auge behalten. Auch, weil er einfach zu anderen Kindern geht und ihnen Spielzeug aus den Händen nimmt. Ich erschrak ein wenig: Wird er ein grobes Kind oder was?

> Viele Jungen, die später im Leben roh und etwas gemein werden, hatten nie die Gelegenheit, herumzutollen und mit ihrem Vater wild zu spielen.

Jesper Juul: Ich finde, dass das ganz normal klingt. Mit seiner Größe fällt es ihm leicht, anderen Kindern etwas wegzunehmen oder sie wegzuschieben. Er hat ja nie erlebt, „underdog" zu sein. Und dass Ruben und er viel herumtoben, ist eine phantastisch gute Sache.

Auf der einen Seite hilft es ihm in Hinblick auf seine Motorik, andererseits macht es ihn glücklich. Viele der Jungen, die später im Leben roh und etwas gemein werden, hatten diese Möglichkeit nicht. Es kann sein, dass ihre Mütter mit ihnen herumgetollt haben, aber das Problem ist, dass Jungen lernen müssen, ihre maskuline Energie zu steuern. Und das können sie nur mit einem Mann lernen. Durch Herumtollen und spielerisches Raufen.

Ruben: Es arbeiten auch keine Männer in seiner Krippe.

Jesper Juul: Das ist ja generell ein Problem. Und darüber hinaus sind heutzutage einige Krippen und Kindergärten unglaublich anti-aggressiv. Sie können getrost 50 Prozent von dem, was sie über Nikolas sagen, abziehen. Das sagt viel mehr über ihre eigene Sicht auf Jungen und die Bedingungen für Jungen aus.

Sofie: Ich ging jedenfalls nach Hause und fragte Ruben, was wir machen sollten. Und wir wurden uns darin einig, dass er vielleicht aufhören sollte, so wild mit Nikolas zu spielen, und dass wir ihm sein Plastikschwert und solche Sachen abnehmen sollten. Aber dann ist das ja falsch?

Jesper Juul: Ja, das sollten Sie nicht machen. Nein, nein. Ich würde mir um ihn überhaupt keine Sorgen machen. Ich könnte besorgt sein, wie beispielsweise die Pädagoginnen in der Krippe reagieren. Aber nicht das andere. Etwas von dem, was Pädagoginnen und Pädagogen in Krippen und Kindergärten vergessen und eigentlich genau wüssten, würden sie nur in ihren Lehrbüchern nachschlagen, ist, dass Kinder nicht vor dem vierten Lebensjahr eine Vorstellung von Richtig und Falsch verinnerlichen. Davor können sie damit nichts anfangen, weil ihre Gehirne dafür nicht eingerichtet sind.

> Die pädagogische Kultur ist derzeit unglaublich antiaggressiv. Sie können getrost 50 Prozent von dem abziehen, was die Pädagoginnen darüber sagen.

Es wird deutlich, wenn man im Gegensatz dazu einen Winzling hernimmt, der alleine bei seiner Mutter lebt, nur still sein und nicht zu viel Radau machen soll. Wenn ein solcher Winzling in eine Gruppe mit anderen Kindern kommt, dann wird er sehr gut darin sein, sich klein zu machen und seinen Platz in der Gemeinschaft zu finden. Nikolas aber ist das Gegenteil. Ich kann aus Ihren Erzählungen hören, dass er sehr expressiv ist. Und das heißt, dass er vermutlich immer einer sein wird, zu dem Menschen in seiner Umgebung Stellung beziehen werden. Ob sie für oder gegen ihn sind, ob sie finden, dass er zu viel oder zu wenig ist. Aber nichts von dem, was Sie sagen, deutet darauf hin, dass etwas nicht stimmen würde.

Manchmal sieht man in Krippen und Kindergärten Kinder, die aggressiv und etwas wilder werden, weil sie einfach mit ihrem Leben unzufrieden sind. Aber darauf deutet in diesem Fall nichts hin.

Sofie: Wenn wir zum Thema Schlagen zurückkehren, dann gab

es einen Punkt, wo das ein Problem war.
Freunde von uns haben einen Jungen, der vier Monate jünger als Nikolas ist, ein richtig süßer Knirps, Finn. Manchmal schubst Nikolas ihn oder reißt ihm Spielzeug aus den Händen. Und da können die Eltern mitunter sehr aufbrausend reagieren, wenn Nikolas Finn im Vorbeilaufen umschmeißt.
Selbstverständlich springen wir auf und trösten den Kleinen und erzählen Nikolas, dass er das Spielzeug nicht wegschnappen darf. Mir fällt es aber schwer, die Art des Vaters, darauf zu reagieren, zu billigen. Es ist einige Male geschehen, dass er wütend aufgesprungen ist und gesagt hat: „Sag mal, quält er Finn schon wieder?“ Ich empfinde diese Interpretation als sehr hart, als ob Nikolas das aus Bosheit täte. Deshalb möchte ich gerne von Ihnen erfahren, was wir tun sollen, wenn wir bei Freunden oder dieser Familie sind und Nikolas plötzlich anderen Kindern gegenüber zu grob wird.
Jesper Juul: Man sollte sich vergegenwärtigen, dass Nikolas das tut, was er tut. Und er ist mit einer guten Portion Selbstvertrauen ausgestattet. Was dann geschieht, ist, dass entweder Sie oder alle möglichen anderen ständig auf ihn reagieren. Sie können sagen: „Nikolas, ich will nicht, dass du schlägst.“ Aber Sie müssen wissen, dass Sie das die nächsten Jahre oft sagen müssen, bevor er das verinnerlicht hat. Und je mehr Erklärungen Sie ihm geben, desto länger dauert es.
Es ist auch wichtig, dass andere Menschen sich frei fühlen, ihn zu stoppen. Aber wenn sie nicht schaffen, ihn zu stoppen, ohne ihn gleichzeitig zu kritisieren und niederzumachen, dann sollte man darüber reden. Es ist aber wichtig, dass sie ihn stoppen. Diese Menschen sollten unbedingt auch wissen, dass Kinder nicht durch ihre Erfahrungen lernen, wenn sie gleichzeitig kritisiert und gescholten werden. Wenn sie beispielsweise hinfallen und sich wehtun, ohne gescholten zu werden, dann lernen sie nach und nach, vorsichtiger zu werden. Deshalb braucht Finns Vater eine Rückmeldung von Ihnen. Und das können Sie auch in der Krippe erzählen, wenn Sie erleben, dass die Pädagoginnen im Umgang mit ihm unsicher sind.
Sagen Sie ihnen: „Sie dürfen ihn ruhig bitten aufzuhören und Sie dürfen gerne sagen, dass er nicht hauen soll. Ich will aber nicht, dass Sie ihn zum „Terroristen“ stempeln oder ihn zu einem gro-

ßen Problem machen. Aber Sie dürfen ihn gerne stoppen, er soll es ja lernen. Er muss seine Größe und seine Kräfte und so weiter einzuschätzen lernen."

Das dauert aber noch und wer so viel Energie hat, vergisst in der Eile so manches; mehr als andere Kinder. Dadurch kollidiert er mit der Institutionskultur, wir müssen uns eben alle an die Kulturen, in denen wir verkehren, anpassen. Aber es nützt nichts, schlecht gemacht und zum Problem ernannt zu werden. Dies hier ist kein Problem. Sein Tun ist nicht Ausdruck dafür, dass er nicht gedeiht. Es zeigt, dass er ein Junge ist, viel Energie und Appetit auf's Leben hat und dass er noch nicht gelernt hat, dass man Menschen, die einem im Weg stehen, aus dem Weg gehen kann.

> Dies ist kein Problem. Er ist nur ein Junge mit großem Appetit auf das Leben, der noch nicht gelernt hat, dass man anderen Menschen, die einem im Weg stehen, aus dem Weg gehen kann.

Sofie: Meine Sorge war auch auf das Zusammentreffen mit der Institutionskultur, den Pädagoginnen und Assistentinnen bezogen. Und was tun, wenn diese aus dem eigenen kleinen Kind etwas machen, das er in unseren Augen gar nicht ist? Ein anderes Mal kam ich in die Krippe, als er dabei war, ein kleines Mädchen mit dem Puppenwagen umzufahren. Mir gelang es gerade noch, ihn zu stoppen. Zwei Sekunden später gingen die beiden Hand in Hand. Hat er denn gar kein Gefühl dafür, dass etwas passiert, wenn man jemanden rammt?

Jesper Juul: Nein, woher sollte er das auch haben?

Ruben: Aber wann lernen Kinder, dass ein Nein ein Nein ist?

Jesper Juul: Sie lernen es von Anfang an und können im Alter von vier bis fünf Jahren damit beginnen, es zu verinnerlichen. In diesem Alter beginnen sie Moral- und Wertvorstellungen zu integrieren. Früher sagte man Kindern: „Schau mal, tue ich dir das Gleiche an, was du dem Knirps angetan hast, dann kannst du selbst fühlen, wie weh das tut." Oder man bestrafte auf eine andere Art.

So lernten Kinder aus reiner Angst, etwas zu lassen. Aber so wird es nicht verinnerlicht. Und deshalb sehen wir ja so viele, die alles fallenlassen und sich völlig kindisch benehmen, sobald sie in die

Welt hinauskommen. Weil sie lernten, nur aus der Angst vor Bestrafung etwas bleiben zu lassen. Aber nicht, weil sie verinnerlicht oder begriffen hatten, warum man etwas nicht tun soll.

Sofie: Hat es nie gewirkt, wenn Eltern so handelten?

Jesper Juul: Doch, kurzfristig hat es gewirkt. Ich habe auch Eltern getroffen, die bis zum Äußersten gingen, wenn ihre Kinder etwas falsch gemacht hatten. Wenn man aber als kleiner Zweijähriger plötzlich vollkommen außer sich ist und noch nicht in dem Tempo, in dem man denkt, reden kann, ja was zum Teufel soll man da tun? Dann reißt man vielleicht an Ihrer Hand oder beißt Ihnen in den Finger.

Sofie: Er wirft eher etwas durch die Gegend.

Jesper Juul: Und das ist sogar ungemein zivilisiert. Aber es könnte ihm ja einfallen, Sie zu beißen, und manche Eltern kommen dann auf die Idee, zurückzubeißen. Aber das geht doch nicht! Man kann doch nicht beißen und gleichzeitig erzählen, dass man nicht beißen darf! Wenn er mit Spielzeug um sich wirft, können Sie sagen: „Huch, bist du so wütend? Dann sollten wir uns lieber hinsetzen." Und deshalb sind Rubens Rangeleien mit ihm so unglaublich wichtig.

Ruben: Aber kann er das davon unterscheiden, dass er so nicht mit den anderen Kindern raufen darf?

Jesper Juul: Nein, noch nicht - aber das lernt er. Und es ist eine gute Idee, im Bett, am Boden oder in der Wiese herumzutollen. Wenn Sie einander beim Herumtollen festhalten. Das ist ungemein wichtig, insbesondere für Nikolas, der erst lernen muss, seine überschüssige Kraft zu beherrschen und wo die Grenzen anderer Menschen verlaufen. Sie dürfen ihn nicht immer gewinnen lassen, er muss auch verlieren, damit er es richtig lernen kann.

Sofie: Dass wir nicht mit den Pädagoginnen in der Krippe einer Meinung sein müssen, ist befreiend. Und dass wir weiterhin herumtollen und spielen können. Wir sind nicht sonderlich ernste Menschen. Wir lachen viel und haben gemeinsam Spaß und machen es uns gemütlich. Wir haben nicht so viele Regeln. Natürlich soll er schön essen und ordentlich sitzen.

Jesper Juul: Natürlich soll er das. Aber man soll immer daran denken, dass zweijährige Kinder vieles müssen, aber dass sie Zeit brauchen, um es zu lernen, und das dauert mehr als die eineinhalb Monate, die Eltern sich dafür wünschen. Das dauert lange. Und man muss daran denken, was Hirnforscher endlich nachweisen konnten: Wenn Kinder kritisiert werden, während sie lernen sollen, dann lernen sie nichts. Das Hirn bleibt einfach stehen. Deshalb ist es wichtig, auch den Assistentinnen zu helfen und ihnen zu sagen: „Ich bin nicht dafür, mit Ihnen darüber zu sprechen, dass Nikolas ein Problem ist, nachdem Sie ihn nur einen Monat oder zwei kennen. Aber ich kann hören, dass Sie Probleme damit haben, dass er so grob ist. Und Sie dürfen ihn ruhig stoppen. Ich will nur nicht, dass Sie ihn schlecht machen."

Sofie: Das ist angenehm zu wissen. Natürlich erschrickt man als Elternteil, wenn man sieht, dass ein größerer Junge das eigene kleine Kind niederrennt.

Jesper Juul: Jaja. Eltern sind ab und zu unglaublich primitiv, wenn es um ihre eigenen Kinder geht. So ist das.

> Wenn Kinder kritisiert werden, während sie lernen sollen, dann lernen sie nichts.

Nach dem Gespräch

Es war unglaublich angenehm, mit Jesper Juul über Nikolas' Situation zu sprechen. Es war kein großes Problem, aber es ist ein gutes Gefühl, es bereits bearbeitet zu haben, bevor es vielleicht plötzlich zu einem großen Problem wird.

Wir sind Nikolas gegenüber geduldiger geworden, wenn er beispielsweise die Gabel auf den Tisch wirft oder im Wohnzimmer herumsausend Fußball spielt. Wir hatten nie die Gewohnheit herumzuschreien, aber wir machten uns wegen seines wilden Verhaltens Sorgen. Nun wissen wir, dass er nicht zu wild ist, und wir sagen ihm in aller Ruhe „Nein", wenn er etwas nicht darf, und erzählen ihm, was er stattdessen darf.

Ohne von ihm zu erwarten, dass er es innerhalb einer Woche lernt.

Es ist befreiend, bestätigt zu bekommen, dass die Pädagoginnen nicht „immer" recht haben, sondern dass es viele Sichtweisen gibt, und dass man natürlich immer über diese Dinge reden kann. Auch mit anderen Eltern, wenn sie meinen, dass er zwischendurch zu wild ist. Das wird die Lösung für die Zukunft sein: Leuten zu erzählen, dass sie ihn gerne stoppen dürfen, aber dass sie am besten nicht mit ihm schimpfen sollen. Nach dem Gespräch mit Jesper Juul hat sich vieles geändert und Nikolas wurde ruhiger. Sein Vater spielt nach wie vor wild mit ihm und er hat nun ein besseres Gespür dafür, wo die Grenze verläuft.

Wenn Ihr Kind wild spielt

Die Hirnforschung hat nachgewiesen, dass Gehirne von Kindern „stehenbleiben“, wenn sie kritisiert werden, während sie etwas lernen sollen. Richtiges Lernen geschieht nur, wenn sie nicht heruntergemacht, sondern begleitet werden.

Seien Sie geduldig, wenn Sie versuchen, Ihrem Kind ein Nein verständlich zu machen. Das dauert.

Statt ständig Nein zu sagen, sagen Sie Ihrem Kind, was es stattdessen tun darf.

Sagen Sie anderen Eltern und pädagogischem Personal in der Krippe, dass sie Ihr Kind ruhig stoppen dürfen, wenn es zu wild spielt, aber dass sie nicht mit ihm schimpfen sollen. Das führt nämlich nur dazu, dass das Kind Schuld empfindet und länger braucht, es zu lernen.

Es ist eine gute Idee, mit Kindern herumzutollen und wilde Spiele zu spielen. Insbesondere, wenn es ein Junge ist. Jungen müssen lernen, ihre maskuline Energie handzuhaben und das geschieht, wenn sie mit großen Jungen (wie ihren Vätern) spielen.

Meine Tochter will selbst bestimmen

Die dreijährige Mikkeline kann vieles selbst. Hört sie ein Nein, wird sie oft wütend.
Geben Sie ihr viel Platz, um selbständig zu werden, und sorgen Sie dafür, dass auch Ihre Prämissen gewahrt bleiben, sagt Jesper Juul.

Brief an familylab

Meine dreijährige Tochter Mikkeline hat ein starkes Temperament und ein gewaltiges Bedürfnis nach Selbständigkeit. Sie will alles bestimmen. Immer, wenn sie hinaus geht oder herein kommt, muss sie die Haustür öffnen und schließen und sie will auch bestimmen, was es „im Moment" zu essen gibt und vieles andere.
Ich bin mir nicht mehr sicher, was und wie viel Mikkeline selbst bestimmen soll. Seit sie klein war, war ich mit ihr alleine, und ich befürchte ein wenig, dass ich vielleicht zu nachgiebig war und ihr zu viel erlaubt habe. Ich hoffe, Sie können mir helfen.

Viele Grüße
Katja

Das Gespräch

Jesper Juul: Was finden Sie wichtig zu besprechen?
Katja: Mich beschäftigt, dass Mikkeline so selbständig geworden ist und beispielsweise immer die Haustüre öffnen muss und sagt: „Ich mache das!“ Oder wenn wir hinausgehen und ich die Türe versehentlich schließe, sagt sie: „Nein! Ich war es doch, die sie schließen sollte.“ Ich bin mir nicht sicher, ob ich sie das tun lassen soll.
Jesper Juul: Es ist keine schlechte Idee, darüber nachzudenken. Wenn Sie sich nicht sicher sind, ob sie manipuliert werden, dann könnten Sie die Tür mit etwas Humor schließen und antworten: „Ach ja - das stimmt, glaubst du, du stirbst?“ Es kann ja sein, dass sie Nein, Nein sagt! Entscheidend ist, dass Sie nicht den Eindruck bekommen, in wichtigen Punkten in die Defensive gebracht zu werden.
Katja: Vom Typ her ist sie sehr: „Ich kann alleine - kann selbst!“
Jesper Juul: Es stimmt ja auch, dass sie vieles selbst kann.
Katja: Ich neige stark dazu, alles für sie zu machen, besonders in der Früh. Beispielsweise weil es schneller geht, wenn ich es mache. Vielleicht versuche ich sie noch immer in der Rolle meines kleinen Babys zu halten, während sie versucht selbständig zu sein.
Jesper Juul: Ich verdächtige Sie nicht, Ihre Tochter im Babystadium festzuhalten, aber Sie sind vielleicht geneigt, Ihre Fürsorge überzudosieren. Vielleicht dreht es sich um Ihr schlechtes Gewissen darüber, dass Sie sich scheiden ließen, als sie noch ganz klein war.
Ihre Fürsorge hat Mikkeline vielleicht mit ein paar „Unarten“ ausgestattet, weshalb es gut ist, die Verantwortung dafür zu übernehmen, anstatt ihre Willensstärke und Kompetenz zu kritisieren. Aber es ist wichtig, ihr zu sagen, was Sie meinen. Wenn sie zum Beispiel das nächste Mal meckert, können Sie sagen: „Ja ja, das findest du, aber ich meine das nicht. Manchmal ist es fein, dass du die Tür öffnest, andere Male nicht.“
Katja: Aber manchmal wird sie wütend, wenn sie etwas als ungerecht empfindet oder wenn sie meint, dass ich „blöd“ bin. Dann läuft sie in ihr Zimmer, schlägt die Türe demonstrativ zu, weint und schimpft herum und will gar nicht getröstet werden. Ich

grüble, wie ich das angehen kann.

Jesper Juul: Das ist kein Problem.

Katja: Ich finde schon, dass es …

Jesper Juul: Sie tut das Richtige, wenn sie Sie abweist. Wenn sie außer sich ist, braucht sie Zeit, um wieder in sich zu kommen. Und das können die meisten Kinder nur alleine. Manchmal bekommt man die Erlaubnis, am Bettrand zu sitzen und sein Kind im Nacken zu kraulen, wenn man nur seinen Mund hält. Es ist keine Katastrophe, so ist es und so geschieht es. Es ist ganz unproblematisch und ungefährlich. Für Sie wird es zum Problem, weil Sie es persönlich nehmen und sich abgewiesen fühlen.

Katja: Damit kann ich leben, aber manchmal denke ich darüber nach, ob ich nach einer halben Stunde nicht zu ihr gehen sollte.

> Eines Tages, als ich meinen kleinen Schatz rief, sagte sie: „NEIN, ich bin nicht dein KLEINER Schatz. Ich bin dein GROSSER Schatz“.

Jesper Juul: Es ist für Kinder ein Albtraum, in einem notwendigen Prozess, in dem Erwartungen und Illusionen enttäuscht werden, gestört zu werden. In diesem Prozess finden sie heraus, wer die eigenen Eltern sind, gewöhnen sich an sie und an das Leben.

Früher glaubte man, dass es sich um Manipulation handeln würde. Aber nein, es kommt nur der Zeitpunkt, an dem sie aufgeben und nicht mehr sagen können, was sie wollen, und dann gehen sie. Vor allem sollen Sie danach nicht darüber sprechen. Wenn sie damit fertig ist und herauskommt, dann ist es in ihr beendet, dann ist sie bereit weiterzugehen.

Es ist auch wichtig, nicht damit zu beginnen, wie auf Eierschalen zu gehen und sich zu denken: „Wir dürfen die kleine Direktorin nicht ärgern.“

Katja: In der Früh kann mir sehr wohl einfallen, die Tür zu öffnen und sie wieder zu schließen und sie ihretwegen auf- und wieder zuzusperren. Damit es ein guter Morgen wird und ich sie gut in den Kindergarten bringen kann.

Jesper Juul: Ja, und stattdessen könnte es gut sein herauszufinden, warum sie es macht. Vielleicht meint sie, dass man streiten muss, um gemeinsam mit Ihnen groß zu werden.

Katja: Ich kann mir vorstellen, dass es darum geht. ... Eines Tages, als ich meinen kleinen Schatz rief, sagte sie: „NEIN, ich bin nicht dein KLEINER Schatz. Ich bin dein GROSSER Schatz."

Jesper Juul: Sie zeigt genau, wo sie ist. Persönlich finde ich, dass man als Elternteil den Willen der Kinder zur Durchsetzung und Selbständigkeit annehmen und sich über ihn freuen sollte, um dann loszulassen.

Wenn man dann in der Früh gestresst ist, sollte man sich entweder beim Kind entschuldigen oder eine Viertelstunde früher aufstehen. Man hilft seinem Kind doch vor allem, um den eigenen Heiligenschein zu polieren und zu sehen, welch gute und nützliche Mutter man ist. Und die Entschuldigungen dafür, dem Kind zu helfen, entwickeln sich mit dem Wachstum des Kindes.

Viele Kinder bemühen sich sehr, ihren gestressten Eltern entgegenzukommen.

Viele Kinder bemühen sich sehr, ihren gestressten Eltern entgegenzukommen. Mikkeline ist in einem Alter, in dem sie selbständiger wird, und zugleich versucht sie, möglichst gut zu kooperieren, beispielsweise dadurch, dass sie Ihren neuen Liebhaber akzeptiert. Gleichzeitig versucht sie in einer Lebenslage, die sie selbst nicht gewählt hat, „bis hierher und nicht weiter" zu sagen, und das sehe ich als gesunden und intelligenten Umgang an.

Katja: Ich bin also nicht zu nachgiebig?

Jesper Juul: Nein, ich höre, dass Sie flexibel waren. Wenn sie große Armbewegungen macht, dann geben Sie ihr Raum. Und selbst wenn es Ihnen schwer fällt, sie beim Ausflippen in Ruhe zu lassen, versuchen Sie es.

Ich bewundere, wie gut Sie und Ihre Tochter kooperieren, es könnte kaum besser sein. Es gelingt Ihnen, nicht allzu trotzig zu sein, wenn sie selbständig ist. Vergessen Sie nicht, die Konfrontation der Defensive vorzuziehen. Sie dürfen nicht strategisch handeln, um Krach zu vermeiden.

Nach dem Gespräch

Ich finde, was Jesper Juul sagte, sinnvoll. Eines Tages öffnete ich einfach die Türe und erst als wir schon fast draußen waren, sagte sie: „HE, ich wollte doch die Tür öffnen!“ Und dann sagte ich: „Aber jetzt habe ich sie geöffnet, und was glaubst du, was jetzt geschieht?“ Und dann fragte ich: „Wieso ist es dir eigentlich so wichtig, die Tür zu öffnen?“ „Weil so bin ich halt gemacht“, antwortete sie. Dann sagte ich einfach „Okay“ und wir gingen weiter.

Es wirkte so, als ob sie einfach den Raum brauchte, das zu sagen, und ich hatte den Eindruck, dass sie sauer geworden wäre, wenn ich gesagt hätte, dass das Unsinn sei. Aber weil ich einfach „Okay“ sagte, ist ihr das Öffnen der Türe seitdem nicht mehr so wichtig. Ich bin nun viel entspannter und es ist auch in ihrem Sinne, wenn ich sie in Ruhe lasse, wenn sie beispielsweise wütend wird.

Es ist befreiend, es so zu machen. Am Heimweg nach dem Gespräch konnte ich meine Begeisterung kaum zügeln. Ich fühlte mich wie auf Wolken schwebend. Auch weil Jesper Juul mich darin bestärkte, einfach diese Mutter zu sein, die ich gerne sein möchte.

Wenn Ihr Kind selbst bestimmen will

Wählen Sie Ihre Kämpfe sorgfältig. Beziehungen zwischen Eltern und Kindern halten es nicht aus, wenn täglich vor dem Verlassen des Hauses schon fünf Streitereien und Machtkämpfe stattgefunden haben.
Fragen Sie Ihr Kind, warum es ihm in einer bestimmten Situation wichtig ist zu bestimmen und lauschen Sie der Antwort. Sie könnten erwägen, Ihrem Kind einen Teil der Verantwortung zu übertragen.
Kritisieren Sie Ihr Kind nicht dafür, dass es einen starken Willen hat, sondern sorgen Sie dafür, dass Sie sagen, wo Sie mitspielen und wo nicht.
Merken Sie sich, dass Ihr Kind ständig lernt und besser wird. Neues zu lernen kann langwierig sein. Seien Sie geduldig und nehmen Sie dem Kind die Aufgabe nicht ab, nur weil es dauert.
Tun Sie prinzipiell nichts für Ihr Kind, das es selbst tun kann.

Begraben Sie den Krieg mit Ihrer kleinen Tochter

Maja und Kenneth befinden sich ständig im Krieg mit ihrer dreijährigen Tochter. Sie kämpfen, um ihr zu zeigen, wer bestimmt. Jesper Juul erklärt, dass dieser Machtkampf große Konsequenzen hat und fordert sie auf, die Verantwortung für den Ton in der Familie zu übernehmen.

Brief an familylab

Unsere dreijährige Tochter ist eine starke Persönlichkeit und hat viel Temperament. Wir haben oft Konflikte. Unlängst begann es beim Zähneputzen. Letztendlich schaffte sie es, die Zähne im Bett geputzt zu bekommen, nachdem sie die Wahl bekommen hatte, auf dem Stockerl im Badezimmer zu stehen oder im Bett zu liegen!

Kenneth wird gestresst und treibt uns an, aber Olivia will das Hühnerbrötchen, das er ihr beim Essen des Haferbreis versprochen hatte. Ich finde noch ein Brötchen, aber Huhn gibt es nicht mehr, so dass sie sich etwas anderes aussuchen muss. Kenneth trippelt und faucht, dass ich sie nicht mehr wählen lassen solle.

Olivia weint und es endet damit, dass Kenneth sie die Stufen

hinunterzerrt, schreiend, während ich ihr das Brötchen zustecke.
Ich rufe ihnen nach, dass ich mich von ihnen ordentlich verabschieden möchte. Schöner Morgen, nicht?
Ich finde, dass wir Konflikte immer besser lösen, aber dann geschehen wieder Zusammenstöße wie unlängst. Es ist so mühsam. Ich hoffe, dass Sie uns helfen können.
MfG
Maja und Kenneth

Das Gespräch

Jesper Juul: Womit kann ich Ihnen helfen?
Kenneth: Olivia ist energiegeladen und sehr willensstark. Gleichzeitig braucht sie Ruhe. Wenn sie am Morgen in die Krippe kommt, will sie alleine sein, bevor sie bereit ist, in die Gemeinschaft einzutreten. Eine Zeit lang war ich besorgt, ob sie es schaffen würde, in die Gemeinschaft hineinzufinden. Sie sagt zuerst immer sicherheitshalber Nein, bevor sie akzeptiert, dass neue Dinge, wie Zähneputzen, gelernt werden müssen.
Jesper Juul: Können Sie sich vorstellen, dass sie eine Pause braucht, bevor sie zu einer neuen Situation wechselt, und dass sie sich an neue Unterfangen gewöhnen muss?
Kenneth: Ja, beides.
Maja: Es dreht sich auch um Schüchternheit. Wenn wir mit der Familie einen Raum betreten, versteckt sie sich, bevor sie andere begrüßt, und so weiter.
Jesper Juul: Ja, das ist doch ein gesundes Zeichen. Ich kenne nicht viele Erwachsene, die nicht gern das Gleiche tun würden. Wir haben nur gelernt, irgendwie mit der ersten Viertelstunde umzugehen. Aber das haben Kinder nicht gelernt. Wie sollen sie sich in einem solchen Raum orientieren? Ich finde nicht, dass das irgendwie problematisch wäre. Auch nicht in Bezug auf die Krippe. Lassen Sie sie zuerst einmal landen.

Das Problem mit vielen Kindern im Kindergarten und danach ist ja genau, dass sie so leicht außer sich geraten. Sie hat offenbar ein besonderes Talent, in sich zu ruhen und ihr eigenes Tempo zu finden.

Kenneth: Wenn man keine Zeit hat, dann entsteht ein Konflikt - das ist das Problem. Wenn wir es in der Früh eilig haben, ist es sehr belastend, dass wir dafür so viel Energie brauchen. Manchmal müssen wir durch sieben Streitereien, bevor wir hinauskommen: Das Frühstück, die Windel, das Gewand, Zähneputzen, aus der Tür hinaus, auf das Fahrrad und so weiter.

Jesper Juul: Ja, das ist ja auch unerträglich. Versuchen Sie, die gestrige Situation zu beschreiben.

Maja: Kenneth will ihr gegenüber nicht länger strategisch handeln, dann übernehme ich und suche ein Brötchen für sie, weil er ihr ein Hühnerbrötchen versprochen hat …

Kenneth: Dann will sie keine Butter darauf haben, dann möchte sie etwas anderes nicht. Maja übernimmt, obwohl es in meinen Augen völlig gleichgültig ist, ob Olivia dieses Brot bekommt. Kommen wir zu spät, fährt der nächste Bus erst eine Stunde später.

Maja: Ihr wurde zuvor ein Brötchen versprochen. Gleichzeitig ruft Kenneth: „Hör auf damit, sie vor so viele Wahlmöglichkeiten zu stellen.“ Der Plan wird geändert und der eine weiß nicht, was der andere will.

Jesper Juul: Ich glaube, ich sollte Ihnen darüber etwas erzählen. Wenn Kinder davon reden, dass sie selbst bestimmen wollen, werden ihnen häufig unlautere Motive unterstellt. In Wirklichkeit meinen sie etwas anderes. Wenn man davon spricht, dass Olivia nicht alt genug ist, diese Entscheidungen zu treffen, dann ist das ja Unsinn. Das Problem ist eher, dass sie die Verantwortung für das Wohlbefinden der Familie bekommen hat.

Wenn Sie beispielsweise sagen, „Wenn wir nun lieb sind, möchtest du dann nicht auch lieb sein?“, dann bekommt sie plötzlich die Verantwortung dafür, dass die Beziehung zwischen Ihnen und Olivia funktioniert.

Eine Dreijährige kann wohl entscheiden, was sie in der Früh anziehen will, wenn die Eltern finden, dass das gut ist. Sie können ihre Wahl einschränken und sagen: „Wir öffnen nicht alle Schränke, sondern nur ein paar.“

Sie müssen gewaltig darauf achten, dass das nicht in einen Machtkampf mündet, in dem es darum geht, wer recht hat. Zwischen Ihnen und dem Kind und zwischen Ihnen beiden.

Es dreht sich darum, dass sie erlebt, wie es ist, die Macht über die eigene Person zu haben, was etwas völlig anderes ist, als der zu sein, der den Ton in der Beziehung bestimmt.

In den Situationen am Morgen klingt es so, als ob sie panisch wird und befürchtet, dass sie es nicht schafft. Das kann sie handhaben, indem sie sich unsichtbar macht oder sich aufplustert und diktatorisch wird. Und dieser Rolle ist sie nicht gewachsen.

Wäre ich an Ihrer Stelle, würde ich vielleicht mit der Zahnputzsituation beginnen. Sie ist schön konkret und obwohl sie gerade erst motorisch so weit ist, dass sie ihre Zähne alleine putzen kann, sprechen wir nur von ein paar Tagen, an denen sie nicht ganz perfekt geputzt werden. Ich wähle diese Situation als kleines Beispiel.

Sagen Sie zu ihr: „Jetzt haben wir über das Zähneputzen gesprochen und wir wollen darüber nicht mehr streiten wie bisher. Aber es ist wichtig, dass deine Zähne geputzt werden. Wir haben uns deshalb entschlossen, dass du die Verantwortung für deine Zähne übernimmst. Wenn du sie putzen willst, dann putze sie. Wenn du Hilfe brauchst, helfen wir dir gerne. Sag es halt. Wir wollen nicht mehr streiten."

Das könnte als Verantwortungslosigkeit empfunden werden, nicht wahr? Was riskieren Sie lieber? Löcher in den Zähnen Ihrer Tochter oder Löcher in ihrer Seele und eine Beziehung, die im Machtkampf endet? Zähne putzen ist wichtig, aber manchmal muss man einen kleinen Umweg machen, um wichtige Ziele zu erreichen.

Kenneth: Ja, wir befürchten, dass es schlimmer wird.

Jesper Juul: Das wird es. Nachdem die Erwachsenen den Kampf begonnen haben, ist es an ihnen, ihn zu beenden. Man kann Tricks einsetzen, wobei ich häufig den Eindruck habe, dass sie erbärmlich sind. Ich habe von einer Mutter gehört, die ihr Kind dazu brachte, abwechselnd ihre eigenen und die Zähne der Mutter zu putzen. Das war ein Spiel.

Maja: Wir haben Ähnliches versucht, was damit endete, dass wir sie im Bett festhielten.

Jesper Juul: Ja, das geht nicht an. In dieser Situation haben Sie

sie wählen lassen, wozu sie Lust hatte. Sie müssen dazu übergehen, ihr zu geben, was sie braucht. Es ist an der Zeit, dass Sie wieder die Leitung in der Familie übernehmen.

Ich glaube, dass Sie die Veränderung markieren sollen, indem Sie sagen: „Wir haben über vieles gesprochen und können sehen, dass wir in vielen Bereichen immer versucht haben, lieb und nett zu dir zu sein, und dabei haben wir nicht das getan, was du am meisten brauchst. Und wir hoffen, dass du das überlebst. Aber das Wichtigste ist, dass wir versuchen wollen, das zu ändern. Du sollst nicht mehr die Verantwortung für alles tragen, die übernehmen wir und das wird am Anfang vielleicht nicht so lustig sein."

> So wie Sie derzeit kommunizieren, sind Sie schlechte Rollenmodelle für Ihre Tochter.

Es ist wichtig, es mit Erwachsenenworten und nicht „kinderfreundlich" zu formulieren. Sie müssen es so sagen, wie Sie es meinen, denn sonst geht die Botschaft verloren. Und dann wird man sehen, was noch zu tun ist. „Die Verantwortung für deine Zähne können wir dir jedenfalls übertragen. Wir wollen, dass du sie zwei Mal täglich putzt, aber das kannst du tun, wann immer es dir passt. Wir meinen auch, dass du selbst wählen kannst, was du für den Kindergarten anziehst. Aber wir meinen nicht, dass du groß genug bist, ..."

Kenneth: ... das Schuhwerk auszuwählen.

Jesper Juul: Aber da muss sie doch einfach ihre eigenen Erfahrungen machen. Wenn sie im November die Lackschuhe wählt, dann sorgen Sie für einen Beutel mit Winterschuhen. Dann wird sie es sicherlich lernen.

Maja: Sollen wir auf den Konflikt gar nicht eingehen?

Jesper Juul: Nein - wozu sollten Sie auf ihn eingehen?

Kenneth: Ich bin wohl zu strikt und finde nicht, dass sie bei Regenwetter Sandalen tragen sollte.

Jesper Juul: Auf Dauer kann es weitreichende Konsequenzen haben, dass Olivia wegen Ihrer Art zu kommunizieren Lust bekommt, gegen Sie zu kämpfen, anstatt Ihre Weisheit anzunehmen. So wie Sie derzeit kommunizieren, sind Sie schlechte Rollenmodelle für sie.

Kenneth: Was soll man denn sagen, wenn es regnet und sie auf Sandalen besteht?

Jesper Juul: Schlagen Sie ihr vor, Gummistiefel anzuziehen, weil es regnet. Und wenn sie nicht will, dann geben Sie ihr noch ein Paar Schuhe mit. Das kann man ihr ruhig sagen, ohne dabei überheblich zu sein.

Maja: Meinen Sie das im Ernst?

Jesper Juul: Ja, das tue ich. Sie können auch sagen: „Ich will einfach nicht, dass du bei Regen Sandalen anhast", aber damit hat man die Verantwortung für fünf Tonnen Konflikte übernommen. Dann habe ich als Elternteil SELBST die Konflikte geschaffen. Es dreht sich um ihre persönlichen Bereiche wie Gewand, Schuhe, Frisur, beste Freundinnen usw. Je früher sie lernt, dafür Verantwortung zu übernehmen, desto besser. Aber das beinhaltet auch, dass ihr erlaubt wird, immer wieder eine schlechte Wahl zu treffen, um zu lernen, richtig zu wählen.

> Aber das beinhaltet auch, dass ihr erlaubt wird, immer wieder eine schlechte Wahl zu treffen, um zu lernen, richtig zu wählen.

Maja: Wie sollen wir uns konkret verhalten?

Jesper Juul: Kinder und Erwachsene gehen mit Zeit unterschiedlich um. Möglicherweise müssen Sie eine Viertelstunde früher aufstehen, um ihr die Zeit zu geben, die sie benötigt.

Wenn Sie dem Drama entkommen wollen, dann sollten Sie den Krieg beenden und ihr Verantwortung, beispielsweise für Zähneputzen und Essen, übertragen.

Schlimmstenfalls weint sie im Bus, ist hungrig und wird von den Pädagogen gefragt: „Hast du kein Frühstück bekommen?" Und dann müssen Sie ihnen eben erklären, dass Sie dabei sind, Charakter zu zeigen und in der Früh nicht mehr mit ihr streiten wollen. Und an diesem Morgen wollten Sie nicht über das Essen streiten.

Nach dem Gespräch

Als unmittelbare Veränderung bekamen wir einige Werkzeuge, mit denen wir gemeinsam arbeiten konnten. Wir sprachen beispielsweise über unsere zentrale Verantwortung, die wir in einem Konflikt haben. Es ist unsere Verantwortung und es sind unsere Regeln. Wenn Olivia auf unsere Regeln reagiert, ist das nicht ein Ausdruck dafür, dass sie schwierig ist.
Wir haben vom Gespräch mit Jesper Juul profitiert, weil die Konflikte wirklich abgenommen haben. Den Rat, sofort etwas zu ändern, haben wir wörtlich genommen.
Wir zogen einen Strich, setzten uns hin und erklärten in Erwachsenensprache, dass wir Dinge falsch gemacht hätten, die wir ändern würden. Wir stellten klar heraus, dass von nun an manche Dinge von uns, andere Dinge von ihr bestimmt würden.
Wenn wir jetzt sagen „Das MUSST du…“, dann sagt sie „Ookayyyy Papa“ oder „Ookayyyy Mama“ - früher hätte das in einem Konflikt geendet.
Seit dem Gespräch hat Kenneth zwei Bücher von Jesper Juul gelesen, was es uns erleichtert hat, uns von außen zu sehen und über uns zu lachen. Oft sagen wir: „Hör mal, Jesper sagt, Kinder sollen nicht ständig beschenkt werden …“ Auf diese Weise werden Jesper Juuls Argumente zwischendurch hervorgekramt und wir können darüber reden.

So können Sie die Konflikte dämpfen

1. Trainieren Sie Ihren persönlichen Sprechmuskel und sagen Sie „ICH will“ statt „DU sollst“. Es wirkt kränkend, andere zu definieren oder mit ihnen herumzukommandieren.
2. Übertragen Sie mehr und mehr Verantwortung für persönliche Dinge an Ihr Kind. Sie definieren die Auswahl, Ihrem Kind tut jede Wahl gut.
3. Übertragen Sie Ihrem Kind nie die Verantwortung für den Ton zwischen Ihnen. Als Erwachsene müssen Sie mit gutem Beispiel vorangehen.
4. Erlauben Sie Ihrem Kind (und sich selbst) Fehler zu machen. Fehler machen bedeutet nicht, dass es die Verantwortung nicht übernehmen kann, sondern nur, dass es zuerst lernen muss, wie man das tut.
5. Lesen Sie die Bücher *Grenzen, Nähe, Respekt. Wie Eltern und Kinder sich finden* und *Nein aus Liebe. Klare Eltern - starke Kinder* von Jesper Juul.

Gemeinschaft und Pädagogik

In manchen Gesprächen dieses Buches erwähne ich, dass viele Kinder täglich um 14 Uhr überstimuliert sind. Das liegt paradoxerweise daran, dass pädagogische Institutionen generell gut arbeiten. Eine ihrer wichtigsten Aufgaben ist, neben der Fürsorge, Kinder motorisch, intellektuell, sprachlich, sozial, emotional und kreativ zu stimulieren. Das ist für ein Kind ein voller Arbeitstag. Dazu kommt noch, dass Kinder nicht die Wahl haben, ob und wo sie zur Arbeit gehen, mit welchen Kindern und Erwachsenen sie zusammen sind, wie die ästhetischen und architektonischen Qualitäten des Arbeitsplatzes sind, und sie einem hohen Geräuschpegel und vielen Konflikten ausgesetzt sind. Das würde bei den meisten Erwachsenen das Fass zum Überlaufen bringen und sie würden durch Yoga, Meditation, Fitnesscenterbesuche, Jogging, Lesen und dergleichen nach der Arbeitszeit die Balance wiederherzustellen versuchen.
Innerhalb einer Generation kam es dazu, dass die meisten Eltern selbst in Krippe und Kindergarten gegangen sind. Sie haben sich daran nicht nur angepasst, sondern haben gute Erinnerungen an den Kindergarten und Respekt vor dem pädagogischen Personal. Für viele junge Eltern sind Pädagogen Rollenmodelle geworden und das ist in gewisser Hinsicht unangebracht. Nicht, weil pädagogische Fachkräfte nicht gut arbeiten würden, sondern weil zwischen Eltern- und Pädagogenrolle ein großer Unterschied besteht. Zwischen der Ausübung von Institutionspädagogik und der Leitung des Zusammenlebens in einer Familie, zwi-

schen öffentlicher Pädagogik und privater Erziehung. Einer der entscheidenden Unterschiede besteht darin, dass pädagogisches Personal für die Kinder arbeitet. Es ist Teil des öffentlichen Serviceangebotes. Selbstverständlich dient es vor allem den Eltern und der Gesellschaft, was die Kinder zum Glück nicht wissen.

In Institutionen lernen Kinder, Kinder zu sein. Sie lernen spielen, singen, zeichnen, modellieren, aufzutreten usw. Das ist eine herausragende Eigenschaft unserer Institutionen: Sie geben der Kindheit einen eigenen Wert, sie ist also nicht nur eine Vorbereitung zum Erwachsensein. Das bedeutet auch, dass die Kinder nicht lernen, wie man erwachsen ist und wie man ein sinnerfülltes Erwachsenenleben führt. Das können sie nur von ihren Eltern lernen. Nachdem Eltern aber pädagogisches Personal als Rollenmodell bekommen haben, fühlen sich viele dazu verpflichtet, den Kindern das gleiche Service- und Stimulationsniveau zu Hause anzubieten. Sie fühlen sich nicht nur verpflichtet - die Kinder verlangen es!

Sie verlangen es, weil sie an externe Stimuli gewöhnt wurden und sie Entzugserscheinungen bekommen, wenn sie nicht genauso stark stimuliert werden wie in der Institution. Deshalb bestehen sie auf Unterhaltung und von Erwachsenen gesteuerte Aktivitäten, mit denen sie ein Stressniveau erreichen, welches sie den Kontakt zu ihrem Inneren und ihrer Kreativität, mit der innere Stimuli verarbeitet werden, verlieren lässt. Dieses Verlangen stresst auch die Eltern, die die Elternschaft dann bald als anspruchsvolle, harte Arbeit erleben oder ein schlechtes Gewissen bekommen, weil sie den Institutionsstandards nicht entsprechen. Deshalb verlaufen die wenigen Stunden, die Eltern im Alltag mit Kindern gemeinsam verbringen, oft derart, dass sie von beiden Seiten nicht als etwas Wertvolles empfunden werden. Stattdessen entsteht ein Stresspegel mit Konflikten über alles, was eigentlich einfach nur so dahingleiten sollte.

Kinder können mehr Stress vertragen als die meisten Erwachsenen, aber nur, wenn sie auch lernen, wie man sich entspannt, wie man den Boden unter den Füßen wieder findet und seine eigenen Grenzen und Bedürfnisse erfühlen kann. Das könnten sie durchaus in den Institutionen lernen, wobei Vorschulkinder es wohl lieber bei den Eltern lernen sollten. So können die Bedürf-

nisse der Eltern, sich zu entspannen, und die der Kinder, zu lernen, wie ein Erwachsenenleben aussieht, aufeinander abgestimmt werden. Dazu müssen Eltern es ablehnen, für die Unterhaltung verantwortlich zu sein und zu ihren Bedürfnissen und jenen der Familie stehen.
Es ist wichtig zu bedenken, dass ein großer Unterschied zwischen externer Stimulation bzw. Unterhaltung und Spiel besteht. Spielen ist für Kinder lebensnotwendig und es ist wichtig, sich Zeit für das Spiel mit ihnen zu nehmen. Man könnte glauben, dass ihr Spielbedarf in den Kinderbetreuungseinrichtungen gedeckt wird, aber das Spiel mit Vater oder Mutter ist etwas ganz anderes. Nur da ist das Kind zu seinen eigenen Bedingungen mit den Eltern zusammen, was mit den Pädagogen aus guten Gründen nicht geht. Weiters ist das Spiel eines der besten Anti-Stress-Mittel für Kinder und Erwachsene.
Es ist wichtig, dass Erwachsene Erwachsenendinge tun, auch wenn die Kinder zu Hause und wach sind. Gehen Sie spazieren, kochen Sie eine Suppe, lesen Sie eine Zeitschrift, legen Sie sich eine halbe Stunde auf das Sofa, flirten Sie mit Ihrem Partner, schneiden Sie Ihre Rosen - was auch immer, Hauptsache, Sie tun es für sich oder die Gemeinschaft. Setzen Sie sich beispielsweise nach dem Heimkommen mit dem Kind auf das Sofa und sagen Sie etwa: „Uff. Das war ein harter Tag. Jetzt muss ich mich mal entspannen. Was ist mit dir?" Sagen Sie nach einer Weile: „Jetzt weiß ich, was ich will. Ich will im Garten die Rosen schneiden, dabei werde ich immer ruhig und innerlich glücklich." Auf diese Weise lernen Kinder durch Beispiele zwischen Arbeits- und Freizeit zu unterscheiden, zwischen Fremdsteuerung und Selbstbestimmung, und das dauert nur zehn Minuten. Wenn Sie es selbst nicht gelernt haben, bevor Sie Kinder bekamen, können Sie es gemeinsam lernen.
An manchen Tagen ist so viel los, dass man sein hohes Stressniveau nicht bemerkt, bevor das Kind ins Bett soll, und dann geht es daneben. Wenn das geschieht, können Sie sagen: „Ich verstehe, dass du nicht zur Ruhe kommen kannst, wenn ich so gestresst und unruhig bin. Komm, setz dich auf meinen Schoß und halte deine Hand auf meinen Bauch. Dann kann ich ruhiger atmen." Schließen Sie die Augen und atmen Sie einige Minuten tief und ruhig und spüren Sie, wie Ihre Ruhe sich auf den Körper des

Kindes überträgt. Bevor Sie es ins Bett legen, können Sie fragen: „So, jetzt bin ich ruhig. Geht es dir auch besser?“ Das ist keine neue „Schlafenlegen-Technik“, aber eine Möglichkeit, Verantwortung für sich selbst zu übernehmen. Kein schlechtes Beispiel für die neue Generation.

Gutes Zusammenleben ist gegenseitig entwickelnd und erziehend und sollte nach Möglichkeit keine pädagogischen Ziele haben - bis auf die übergeordnete Hoffnung, dass das Kind mit der Zeit zu einem ordentlichen Menschen heranreift und die Eltern ihr menschliches Potenzial so weit als möglich entwickeln.

Kinder wünschen sich ständig alles Mögliche, weshalb Eltern die Aufgabe haben, dafür zu sorgen, dass sie bekommen, was sie am meisten wünschen und was sie am meisten brauchen: zwei Eltern, die meistens glücklich mit sich selbst, einander und ihrem Leben sind.

Der derzeitigen Institutionserziehung ist es wichtig, dass Kinder sich kultiviert benehmen, und sie basiert weiterhin überwiegend auf Gehorsam statt auf Verantwortung oder Erlebnissen. Kinder sollen beispielsweise lernen, „Entschuldigung“ zu sagen, lange bevor sie in sich die Reue spüren können. Zu Hause in der Familie gibt es die Möglichkeit, zwischen Herz und Mund eine Verbindung zu schaffen - zwischen erlebten Grenzen und Gefühlen und sozialem Verhalten. Kinder brauchen vor allem Ersteres.

Einsames, fünfjähriges Mädchen

Die fünfjährige Sarah hält ihre Mutter immer fest, wenn sie geht, was Mutter und Tochter oft unglücklich macht. Jesper Juul meint, bevor Signe die Situation ändern kann, muss sie akzeptieren, dass ihre Tochter sich einsam fühlt.

Brief an familylab

Wir sind eine fünfköpfige Familie: Signe und Hans mit den Kindern Mikkel (8), Sarah (5½) und Jeppe (1). Unsere Tochter Sarah ist oft eifersüchtig auf Signes Verhältnis zu unserem ältesten Sohn Mikkel. Egal wie oft Signe Sarah sagt, dass sie sie liebt, wirkt es, als ob Sarah ihr das nicht glaubt. Sie versucht oft, Signe festzuhalten und will sie beispielsweise zur Schlafenszeit nicht loslassen. Zuletzt wird es Signe zu viel, sie reißt sich los und beide werden traurig und frustriert. Wir brauchen Rat, wie wir weiterkommen, da wir alle traurig über diese Entwicklung sind.

Freundliche Grüße
Signe und Hans

Das Gespräch

Jesper Juul: Womit kann ich Ihnen helfen?
Signe: Mit meinem Verhältnis zu meiner Tochter Sarah. Sie will mich ständig bei sich haben. Wenn wir Gute Nacht oder Auf Wiedersehen sagen müssen, will sie mich nicht loslassen. Ich weiß nicht, wie ich damit umgehen soll. Am Ende fahre ich sie oft an: „Du musst jetzt aufhören! Du hattest mich jetzt zehn Minuten lang und ich muss noch andere Dinge erledigen. Wir haben Gute Nacht gesagt, jetzt ist Schluss!" - und dann werden wir beide traurig.

> Wenn Sie sie fragen was sie will und sie antwortet: „Das weiß ich nicht", müssen Sie sagen: „Okay, dann gehe ich, aber du kannst mich rufen, wenn du es herausgefunden hast."

Jesper Juul: Was sagt sie dazu?
Signe: Entweder sagt sie, „Du MUSST bleiben", oder sie schaut mich einfach nur an, während sie mich hält. Es endet unterschiedlich. Herzzerreißend ist es, wenn sie sich in sich zurückzieht und ich sehen kann, wie sie aufgibt und denkt: „Okay, ich kann meine Mutter nicht so haben wie mein Bruder." Ich war mit ihm immer sehr eng.
Sarah und mir geht es im Alltag gut, aber viel intime Nähe haben wir nicht. Wenn sie dann entsteht, dann will sie noch mehr haben. Und mich stört das Gefühl, dass ich sie NIE - egal was ich tue - zufrieden stellen kann. Stattdessen werde ich auf sie sauer, weil sie sich mit dem, was ich ihr gebe, nicht begnügen kann.
Jesper Juul: Es klingt, als ob Sarah entdeckt hätte, dass zwischen Ihnen und dem Ältesten eine besondere Beziehung besteht, die zwischen Ihnen und Sarah nicht besteht. Sie nennt es Liebe, was sollte sie sonst tun? Und es stimmt ja, es gibt ja eine Verbindung.
Aber es wirkt auf mich, als ob sie sich - begründet oder unbegründet - einfach einsam fühlt. Und was tut man dagegen? Sie können sie ja nicht einfach „heilen", indem Sie die anderen beiden nach Grönland schicken, um sich ein Jahr lang ihr zu widmen.
Sich alleine zu fühlen ist ihr „Grundton" geworden, was heißt,

dass sie mit diesem Gefühl leben muss. Aber das ist ja gar nicht so dumm! Wir sind ja tatsächlich alle alleine. Die meisten verbringen Kindheit und Erwachsenenleben mit der Illusion, dass es nicht so ist, bis es sie irgendwann hart trifft, dass es so ist.
Sie brauchen meines Erachtens also nicht den Eindruck haben, dass sie deshalb fürchterlich arm ist.
Wenn sie zu Ihnen kommt und mehr haben will, als zur Verfügung steht, dann antworten Sie: „Es ist uns klar, dass du dich mit uns alleine fühlst, was wir nicht verstehen, aber wir können sehen, dass es so ist."
Wenn sie sich an Ihnen festkrallt, länger als Sie den Eindruck haben, ihr etwas bieten zu können, dann fragen Sie sie, bevor Sie sich ärgern: „Sarah, weißt du, was du jetzt haben willst?", damit sie lernt, ihre Wünsche zu formulieren.
So, wie es jetzt ist, antworten Sie erst, wenn es Ihnen zu viel wird, und dann weisen Sie sie ab.

Signe: Wie helfen wir ihr damit am besten?

Jesper Juul: Wenn Sie sie fragen und sie antwortet: „Das weiß ich nicht", müssen Sie sagen: „Okay, dann gehe ich, aber du kannst mich rufen, wenn du es herausgefunden hast." Wenn man sich, so wie sie, alleine fühlt, dann bekommt man leicht den Eindruck, dass man sich nicht einmal bei den Eltern erlauben kann, um etwas zu bitten.

Das Wichtigste, das Sie ihr mitgeben können, ist, dass es nicht nur zwei Alternativen gibt, wenn man sich alleine fühlt: sich anzuklammern oder zu resignieren.
Es gibt etwas dazwischen.

Das Wichtigste, das Sie ihr mitgeben können, ist, dass es nicht nur zwei Alternativen gibt, wenn man sich alleine fühlt: sich anzuklammern oder zu resignieren. Es gibt etwas dazwischen.
Und dann sagt sie vielleicht: „Wenn du doch einfach noch fünf Minuten sitzen, eine Geschichte lesen oder mir den Rücken kraulen würdest", oder was weiß ich. Dann glaube ich, dass Ihr Ärger in diesen Situationen verschwinden wird.
Wenn sie etwas von Ihnen fordert, das Sie nicht erfüllen können, dann entsteht in Ihren Köpfen ein Chaos und alle werden verärgert. Wenn man es anders angeht, dann kann man beide Parteien wieder auf den Boden zurückholen.

Eltern fällt es schwer zu akzeptieren, dass sie nichts gegen das Gefühl der Einsamkeit machen können, dass sie es nicht heilen können.

Es ist aber wichtig, dass Sie damit ins Reine kommen, dass sie so ist, dass sie ihre Offenheit bewahrt und weiterhin Teil der Familie ist, ohne dass sie ständig den Eindruck hat, dass etwas nicht stimmt.

Signe: Zu wissen, dass sich Sarah wahrscheinlich alleine fühlt, hilft uns, darauf einzugehen.

Jesper Juul: Ja, und sobald sie sagen kann, was sie will, ändert es sich wieder. Dann ist es nicht mehr so ein Ziehen und Zerren, dann geraten Sie nicht mehr aneinander und streiten, was bei ihr zu falschen Schlussfolgerungen geführt hat.

Sie muss üben, mit einem Nein umzugehen. Aber es wäre schlecht, würde sie es als Ablehnung ihrer ganzen Person erleben.

Es ist unglaublich wichtig, dass Sie sich die Zeit dafür nehmen, Dinge zu benennen. Und Sie müssen sich natürlich um sich selbst kümmern und sagen, wenn Sie nicht länger bei ihr sitzen, sondern etwas anderes tun wollen. Sie muss ja auch lernen, dass andere Menschen anders sind und dass sie ihre Fähigkeiten, mit anderen in Kontakt zu treten und mit ihnen umzugehen, entwickeln muss.

Stellen Sie sich vor, wie sie als 15-Jährige an ihrem ersten Freund kleben wird und wie schlecht es ihm dabei geht. Das ist die ersten 14 Tage schön, aber nicht länger.

Sie muss üben, mit einem Nein umzugehen. Aber es wäre schlecht, würde sie es als Ablehnung ihrer ganzen Person erleben. Es ist für sie viel leichter, ein Nein zu einer weiteren Gute-Nacht-Geschichte zu akzeptieren. Es kann schon sein, dass sie anfänglich sauer wird, es ist aber leichter zu akzeptieren und dabei lernt sie es in aller Ruhe.

Nach dem Gespräch

Mich hat das Treffen mit Jesper Juul sehr berührt, weil ich den Eindruck hatte, dass es wahr war, was er sagte, und ich sehen konnte, dass es Sarah immer so gegangen war.
Obwohl es schwierig war, gab es Greifbares, das ich umsetzen konnte. Ich konnte plötzlich das eigentliche Problem erkennen und fühlte mich nicht mehr als schlechte Mutter, die den Anforderungen nicht genügt.
Beim nächsten Mal konnte ich Sarahs Gefühle sofort anerkennen und fragte: „Fühlst du dich jetzt gerade einsam?“ Sie nickte und klammerte sich ganz fest an mich. Sie fühlte sich gehört und verstanden. Und kurz danach konnte sie wieder loslassen. Sie hat immer wieder das Gefühl der Einsamkeit, wir haben aber jetzt einen Weg gefunden, uns in der Mitte zu treffen.
Der große Unterschied nach dem Gespräch ist, dass ich Stopp sagen kann, bevor es mir zu viel wird, und das kann ich, ohne sie schlecht zu machen. Sie kann sich festhalten und wir haben einen kleinen Kampf mit einem Augenzwinkern und ich bin nicht irritiert. Wir finden gemeinsam die Grenze, wonach ich gehe und sie spaßeshalber den Dackelblick macht. Dann zuckt sie mit den Schultern und liest ein Buch.
Wenn sie sich stattdessen ab und zu an ihren Vater schmiegt, dann scherzen wir damit.
Ich bin nicht mehr besorgt wegen ihrer Einsamkeit. Die entdeckte sie sehr früh. Ich glaube nicht, dass Sarah sie als etwas Falsches erlebt, eher als Teil von ihr. Wenn sie plötzlich den Eindruck hat, dass ihre Welt in sich zusammenbricht, kann ich damit viel besser umgehen. Das konnte ich früher nicht, weil ich immer den Eindruck hatte, dass es zu viel war. Nun kann ich sie so akzeptieren, wie sie ist.

Das können Sie tun, wenn Ihr Kind an Ihnen klebt

1. Erkennen Sie das Einsamkeitsgefühl Ihres Kindes an. Sie sollen nicht das Problem entfernen, sondern versuchen, die Situation zu akzeptieren. Der Zustand Ihres Kindes kann eine Herausforderung für die Familie sein, ein Geschenk, das Sie zu öffnen lernen können.
2. Fragen Sie: „Gibt es etwas Bestimmtes, das du gerne haben willst ...?" Je konkreter das Gespräch wird, desto deutlicher wird, dass Sie (wenn Sie Nein sagen) nicht Nein zu Ihrem Kind sagen, sondern zu etwas, das es nicht bekommen darf.
3. Fragen Sie: „Bist du jetzt einsam?" Das erste Plaudern ist wichtig, um eine gemeinsame Sprache zu bekommen. Das heißt nicht, dass das Kind „sauer" oder „widerspenstig" ist, sondern „einsam". Geben Sie ihm Zeit, die richtigen Worte zu finden. Es ist natürlich schwer, etwas zu sagen, wenn man sich einsam fühlt. Was gibt es denn auch dazu zu sagen?
4. Glauben Sie nicht, dass das, was ihm fehlt, Zeit ist. Das, was wir Eifersucht nennen, ist oft ein Verlustgefühl.
5. Wenn es gelingt, die Einsamkeit in Worte zu fassen, kann Ihr Kind dazu besser Stellung beziehen und dann weiterkommen.

Unser Sohn gibt schnell auf

Der sechsjährige Rasmus ist ein stiller Bub, der sich in seine eigene Welt einschließt. Seine Mutter ist besorgt und macht Rasmus schlecht. Hören Sie auf, ihn zu ändern. Er wird nicht anders, bevor Sie ihn sehen, wie er ist, sagt Jesper Juul.

Brief an familylab

Wir sind eine fünfköpfige Familie, zwei Erwachsene und drei Kinder, wobei der sechsjährige Rasmus einen großen, zehnjährigen Bruder und eine dreijährige Schwester hat. Rasmus ist ein ruhiger Bub, der zu Hause zwischen den anderen schnell in Bedrängnis gerät. Er ergreift nur selten die Initiative und vor allem ich (Rikke) sehe darin ein Problem. Es fällt mir schwer zu akzeptieren, dass er sich so stark vom Rest des Haufens durch seine Schweigsamkeit und Stille unterscheidet. Was können wir tun, damit er unseren zwei anderen Kindern mehr ähnelt?

LG
Rikke und Klaus

Das Gespräch

Jesper Juul: Worüber sollen wir reden?

Rikke: Über Rasmus. Er gibt schnell auf und wird traurig. Ich bin sehr viel alleine mit unseren drei Kindern und das erfordert einiges an Selbständigkeit von ihnen. Ich finde oft, dass Rasmus unverschuldet in Bedrängnis gerät. Gleichzeitig fällt es uns schwer, ihn, so wie er ist, zu akzeptieren, weil er anders ist - sowohl im Verhältnis zu seinen Geschwistern als auch zu anderen Kindern.

Jesper Juul: Wann fingen Sie an zu bemerken, dass er anders ist?

Das scheint mir einfach eine Fehlinterpretation zu sein. Das, was Sie erzählen, geschieht meines Erachtens nicht in den Köpfen so kleiner Kinder.

Rikke: Als er als Dreijähriger in den Kindergarten kam, wirkte er sehr klein. Bei der Tagesmutter bemerkten wir es nur ein wenig, aber es wurde im Laufe der Kindergartenzeit immer deutlicher. Beispielsweise wurde er manchmal vergessen, weil er nicht gehört hatte, dass die anderen gingen. Oft war er im Kindergarten der „Underdog". Wir sind jetzt übersiedelt und haben den Schulbeginn verschoben.

Jesper Juul: Hat das geholfen?

Rikke: Ja, das hat es. Er ist jetzt ein Teil der Gruppe geworden und rauft auch ab und zu, hat aber nach wie vor nicht diesen Konkurrenz-Killer-Instinkt. Bei neuen Sachen gibt er lieber im Vorfeld auf. Er will beispielsweise nicht Fußball spielen, lieber will er beim Tor herumlaufen und blödeln, damit er nicht zu kurz kommt.

Jesper Juul: Das scheint mir einfach eine Fehlinterpretation zu sein. Das, was Sie erzählen, geschieht meines Erachtens nicht in den Köpfen so kleiner Kinder. Wahrscheinlich denkt er eher, wenn ich hier mitmachen soll, muss ich es so gut wie möglich machen, beispielsweise durch Herumtollen beim Tor.

Rikke: Okay! Ist es dann, weil er es nicht schafft?

Jesper Juul: Das weiß ich noch nicht, es gibt ja viele Kinder, die an solchen Sachen nicht interessiert sind.

Rikke: Wir wollen auf jeden Fall lernen, wie wir mit ihm in Kontakt

treten können, ohne ihn ständig zu schelten. Denn so endet es oft, wenn wir das Gefühl haben, dass er nicht auf uns hört. Wir haben mittlerweile mit den Pädagoginnen und der Schulpsychologin darüber gesprochen, was wir tun sollen.
Jesper Juul: Wenn ich, vor dem Hintergrund dessen, was ich bisher gehört habe, etwas sagen sollte, dann wäre das: HÖREN SIE AUF! Lassen Sie ihn doch in Ruhe! Das ist mein erster Gedanke.
Rikke: Ja, wir sollten ihn wohl lieber so akzeptieren, wie er ist. Mein Mann und ich sind sehr zerstreut und das hat er wohl von uns angenommen. Er ist nur so anders und wir vergleichen ihn mit anderen Kindern.
Jesper Juul: Ja, aber es ist unmöglich sich zu verändern, bevor man so gesehen wurde, wie man ist. Und es ist schwer, ihn zu sehen, wenn er sich etwas vorsichtig und undeutlich ausdrückt. Wenn Rasmus nicht klar ist, wer er ist und er nicht den Eindruck hat, in Ordnung zu sein, ist es ja schwer herauszukommen. Dann ist es verlockend, im eigenen Versteck zu bleiben.

Wenn Sie so wie bisher weitermachen, gräbt er sich immer mehr ein und wird mit der Zeit deprimiert.

Rikke: Ich weiß, dass ich ihn schlecht mache, aber das ist gar nicht meine Absicht. Ich möchte lernen, damit aufzuhören. Es geschieht etwas in diesen Fußballsituationen, das meinem eigenen Selbstgefühl schadet.
Jesper Juul: Man könnte aber auch sagen: „Mensch, war das gut, dass wir Fußballspielen waren, damit wir herausfinden konnten, dass das nichts für dich ist." Ich spreche gerne davon, dass Eltern ihren Kindern Worte „leihen", die zu ihrer Identität passen. Es klingt ganz danach, dass er davon etwas mehr brauchen würde.
Stellen Sie sich vor, Ihr Mann problematisiert alles und fragt, ob etwas los sei, sobald Sie heimkommen. Eine solche Behandlung kann selbst Erwachsene in ihrem Selbstbild enorm verunsichern. In Rasmus' Fall ist es schwerer, weil er noch nicht so weit entwickelt ist und noch nicht weiß, wer er ist. Außerdem ähnelt er Ihnen beiden sehr, was Sie offensichtlich provoziert.

Rikke: Ja, er ähnelt uns sehr. Wir sind auch sehr zerstreut.

Jesper Juul: Ich finde, Sie sollten ein Fest für Rasmus feiern, wo Sie aufstehen und eine Rede halten: „Rasmus, wir waren seit deiner Geburt sehr damit beschäftigt, dich zu ändern. In unserem Eifer, das gut zu machen, vergaßen wir herauszufinden, wer du bist. Nun wollen wir versuchen, es anders zu machen."

Er braucht einen Wendepunkt, damit er freiwillig aus seinem Versteck herauslugt. Wenn Sie so wie bisher weitermachen, gräbt er sich immer mehr ein und wird mit der Zeit deprimiert.

Rikke: Ich vermute ja, dass man seinen Kindern durchaus etwas abverlangen darf. In Verbindung mit Pflichten. Das freut ihn eigentlich. Das hat er gern.

Menschen, die sich verstecken, brauchen eine Einladung. Sie haben nichts davon zu hören, wie merkwürdig es ist, sich zu verstecken.

Jesper Juul: Ja, das ist ein Kontrast zum anderen, weil er hier fühlt, dass er Nützliches tut. Wenn er mit der Schule anfängt und vielleicht Schwierigkeiten mit den anderen Jungen bekommt, dann würde ich sagen: „Mir wurde erzählt, dass du vielleicht Probleme mit den anderen Burschen bekommen wirst. Komm ruhig zu uns, wenn das wirklich passiert."

Er muss seinen eigenen Weg finden. Versuchen Sie eine neue Beziehung zu Rasmus aufzubauen, als ob er ein ganz neues Kind wäre, das soeben zur Familie gestoßen ist und die nächsten 15 Jahre mit Ihnen verbringen wird. Und versuchen Sie herauszufinden, wer er ist.

Versuchen Sie beispielsweise in den Situationen, in denen etwas schief läuft, zu fragen: „Was magst du nicht, was magst du gern?" Menschen, die sich verstecken, brauchen eine Einladung. Sie haben nichts davon zu hören, wie merkwürdig es ist, sich zu verstecken.

Sie können ihn auch dazwischen fragen: „Wie lange dauert es, bis du bereit bist? Wir wissen, dass du Anlauf nimmst. Damit wir uns keine Sorgen machen, wollen wir wissen, wie lange es dauert." Solange es ihm nicht als Forderung präsentiert wird.

Nach dem Gespräch

Ich bin durch Jesper Juuls Wissen und seine Art, Dinge klar mitzuteilen, zutiefst beeindruckt. Beispielsweise als er sagte, dass wir Rasmus in Ruhe lassen, uns mehr entspannen und weniger damit beschäftigen sollen, wie er ist. Ich fragte mich: „Was machen wir da eigentlich?“

Jesper Juul fragte: „Warum denken Sie nicht daran, dass Fußball vielleicht nichts für Rasmus ist?“ Und das stimmt ja, aber wir haben gar nicht daran gedacht. Wir dachten, dass etwas mit ihm nicht stimmt, waren sehr besorgt und hätten uns fast in alle möglichen Vereine für Problemkinder eingeschrieben.

Ich habe meine Ruhe darin wiedergefunden, dass man normal sein kann, obwohl man speziell ist. Wir, mein Mann und ich, sind uns darin einig, dass wir einen anderen Ton schaffen wollen - auch bei dem, was wir von Rasmus erwarten. Und wir bemerken bereits einen deutlichen Unterschied.

Wenn Rasmus beispielsweise in der Früh lang braucht, um sein Gewand anzuziehen, helfe ich ihm jetzt. Davor hatten wir große Konflikte, weil ich dachte, das MÜSSE man können, wenn man sechs ist. Aber wie Jesper Juul sagt, es hilft nichts, mit Rasmus zu schimpfen und herumzuschreien.

Auch wenn er sich in sich zurückzieht, sagen wir nicht mehr, dass er deswegen schlecht ist, sondern akzeptieren zunehmend seine andere Art. Wir versuchen nicht mehr, ihn zu ändern, und sagen auch nicht mehr: „Warum tust du nicht auch so?“ Wir schauen stattdessen, wozu er selbst Lust hat.

Er ist in sehr kurzer Zeit ein glücklicherer Bub geworden. Und ich kann ein schlechtes Gewissen darüber bekommen, wie wenig es bedurfte. Er steht etwas gerader da und schafft trotz Unlust den morgendlichen Kampf mit dem Gewand besser. Es ist, als ob er gewachsen wäre, und das gilt auch für sein Selbstgefühl.

Wenn Ihr Kind sich in sich zurückzieht

1. Es gibt viele verschiedene Ursachen, aber oft hängt es mit dem Gefühl zusammen, dass man, so wie man ist, nicht okay ist.
2. Akzeptieren Sie Ihr Kind so, wie es ist, ohne Kommentar, weder mit kritischem noch mit lobendem.
3. Vergleichen Sie Ihr Kind mit dem Ihrer Wünsche, Träume und Erwartungen und lassen Sie Ihr wirkliches Kind Teil der Familie werden.
4. Weder Kinder noch Erwachsene können ihr Verhalten ändern, ohne zuvor so, wie sie sind, gesehen und anerkannt zu werden.

Die große Schwester macht ihren kleinen Bruder zur Schnecke

Seit Mathildes Bruder zur Welt kam, behandelt sie ihn schlecht. Die Eltern sind zutiefst frustriert, aber Jesper Juul warnt davor, Mathilde zum Sündenbock zu machen.

Brief an familylab

Als wir unser erstes Kind Mathilde bekamen, überschwemmten wir sie mit liebevoller Aufmerksamkeit. Das ging gut, bis sie diese mit ihrem kleinen Bruder teilen musste. Oft schubst, kneift und schlägt sie ihn oder legt sich auf ihn drauf. Wir fühlen uns zunehmend wütend und frustriert und sprechen viel darüber, wie wir das als Eltern angehen können. Wir hoffen, dass Sie uns helfen können.

Viele Grüße
Louise und Thomas

Das Gespräch

Jesper Juul: Womit kann ich Ihnen helfen?
Thomas: Unsere dreijährige Tochter verlangt viel Aufmerksamkeit.
Louise: Die ersten Monate nach Frederiks Geburt biss, zwickte und schlug sie ihn. Jetzt schubst und quetscht sie ihn mehr. Jedenfalls, wenn wir anwesend sind.
Thomas: Wenn sie zu zweit sind, dann geht es ihnen richtig gut miteinander. Dann teilt sie ihr Spielzeug mit ihm und gibt ihm den Schnuller. Dann gibt es keine Probleme. Oder wenn wir ohne Frederik mit Mathilde zusammen sind, benimmt sie sich wirklich gut. Wir haben versucht, uns nicht einzumischen, mit ihr zu sprechen und sie zu trennen, wenn es gewaltsam wurde. Es hat nichts geholfen.
Ich werde oft sehr, sehr sauer. Ich versuche mich zu beherrschen, aber zuletzt explodiere ich. Ich habe sie angeschrieen und sie manchmal mit Gewalt entfernt.

Es sind ja oft Liebesbisse, die etwas zu weit gehen. Und wenn diese als Gewalt bezeichnet werden, fällt es schwer, zuzuschauen und konstruktiv dazu Stellung zu beziehen.

Jesper Juul: Was sagt sie dann?
Thomas: Sie weint und wird unglaublich traurig.
Louise: Und sagt: „Du darfst mich nicht anschreien, Papa."
Thomas: Dann erkläre ich, dass ich traurig bin und mich manchmal nicht beherrschen kann.
Jesper Juul: Viele Zweijährige werden missverstanden, wenn sie einander beißen. Es sind ja oft Liebesbisse, die etwas zu weit gehen. Und wenn diese als Gewalt bezeichnet werden, fällt es schwer, zuzuschauen und konstruktiv dazu Stellung zu beziehen. Mein unmittelbares Gefühl ist, dass sie die Geburt des kleinen Bruders als Verlust empfunden hat. Es ist ja wirklich schwer, diese Situation zu überstehen, wenn alle anderen froh sind. Insbesondere, wenn man zwei oder drei Jahre alt ist, wo es noch sprachlich schwierig ist, etwas zu besprechen.
Es wäre interessant zu hören, was sie jetzt dazu sagt.
Wenn ich raten soll, dann hat sie anfänglich sehr viel Aufmerk-

samkeit bekommen und damit auch die Erwartung, dass sie von ihren Eltern alles bekommt. Und plötzlich muss sie sich in der Schlange anstellen.

Louise: Ja. Bis zu ihrem zweiten Lebensjahr hat sie unglaublich viel Aufmerksamkeit bekommen.

Jesper Juul: Die Lösung ist nicht, mit ihr alleine etwas zu unternehmen. Es entspricht der Situation, dass Ihr Mann mit einer Geliebten kommt und sagt, dass sie jetzt gleich einzieht. So dramatisch erleben es einige Kinder, wenn sie ein Geschwisterchen bekommen. Es würde Ihnen auch nicht helfen, ab und zu mit Ihrem Mann alleine einen Ausflug zu machen. Hier ist etwas anderes vonnöten.

Ich meine aber nicht, dass hier von Geschwistereifersucht die Rede ist. Denn die entsteht, wenn Eltern ein Kind dem anderen vorziehen. Das hier ist etwas anderes. Es geht um einen Verlust, den vor allem kleinere Kinder erleben, wenn sie ein Geschwisterchen bekommen.

> Ich meine nicht, dass hier von Geschwistereifersucht die Rede ist. Denn die entsteht, wenn Eltern ein Kind dem anderen vorziehen.
> Das hier ist etwas anderes.

Louise: Wir haben tatsächlich versucht, mit ihr darüber zu reden. Wenn wir versuchen, mit ihr über Gefühle zu sprechen, dann ist es, als ob ihr Blick aus dem Fenster verschwindet - oder sie beginnt über etwas anderes zu sprechen.

Thomas: Wenn wir alle beisammen sitzen und wir uns auf die Kinder konzentrieren, dann geht alles schief.

Jesper Juul: Ich schlage vor, dass Sie, wenn es schief geht, sagen: „Wir mögen nicht, dass du das machst. Wir sehen, dass du wütend bist, aber was willst du haben?" Das kann sie wohl kaum beantworten, aber sie kann anfangen herauszufinden, was sie will.

Thomas: Aber wie oft sollen wir fragen, was sie will? Und wie weit sollen wir damit gehen? Sollen wir warten, bis Frederik laut heult, oder sollen wir eingreifen, wenn wir sehen können, wo es hinführt?

Jesper Juul: Ich bin nicht beunruhigt darüber, was zwischen den beiden oder zwischen Ihnen und Mathilde passiert. Ich fürchte eher, dass sie das Gefühl bekommt, dass es falsch ist, so zu sein, wie sie ist.

Es ist wichtig, dass Sie sich auf Konstruktives konzentrieren, sich nicht einfach zurücklehnen und Ihr Kind betrachten. Tun Sie stattdessen etwas Vernünftiges. Gehen Sie Kartoffeln schälen. Die Alternative ist nämlich, dass Mathilde den Schwarzen Peter zieht.

Louise: Vieles von dem, was Sie sagen, haben wir meines Erachtens bereits gemacht. Und das ist frustrierend.

Jesper Juul: Ja, aber Kinder erleiden wegen der Gefühle der Eltern keinen Schaden. Mathilde ist ein wortgewandtes, offenes und charmantes Mädchen, das vermutlich selten Gegenspieler hat, außer von Ihnen in Ihrer Elternrolle. Sie braucht auch ein Gegenspiel von Ihnen als Menschen.

Louise: Ja, sie ist ja auch das erste Enkelkind.

> Wenn ich mit den Kindern wieder von vorne anfangen könnte, würde ich sie viel mehr so nehmen, wie sie sind.

Jesper Juul: Vielleicht könnte sie versuchen, die Problematik, von der die Rede ist, zeichnerisch darzustellen. Achten Sie aber darauf, sich nicht zu stark darauf zu konzentrieren, da es ihr ansonsten offenbar gut geht.

Thomas: Ich überlege auch manchmal, ob wir sie behandeln, als ob sie älter wäre, als sie eigentlich ist. Vielleicht versteht sie gar nicht, wenn wir sagen: „Frederik ist zu klein, um das hier zu verstehen." Kann sie das verstehen?

Jesper Juul: Das kann ich nicht beurteilen, ohne Sie gemeinsam zu sehen. Mir kommt vor, dass viele Eltern dazu tendieren, LANGE Erklärungen abzugeben, und davon abhängig sind, dass ihre Kinder die Erklärungen akzeptieren. Und das ist unangenehm für die Kinder.

Louise: Sie wird täglich mehrmals frustriert, mittlerweile vergeht es schnell. Es wirkt so banal, jetzt darüber zu sprechen.

Thomas: Dieses Projekt dauert schon drei Jahre. Wenn die Kinder im Bett liegen, sitzen wir und sprechen stundenlang darüber, wie wir als Eltern handeln.

Wir tendieren auch dazu, ein Theater zu spielen, in dem wir die Inszenierung so wählen, dass möglichst wenig Konflikte entstehen. Die Aussicht auf ein Wochenende, an dem wir vier zu Hause sind, bringt uns zum Stöhnen. Deshalb arrangieren wir vieles.

Jesper Juul: Sie können getrost die Elternrolle etwas zurückschrauben und die Partnerschaft betonen, damit Sie nicht täglich 24 Stunden Eltern sind, obwohl es natürlich so ist.
Die meisten Kinder im Kindergartenalter sind um 14 Uhr bereits völlig überstimuliert.

Thomas: Man sieht, dass sie immer mit Volldampf unterwegs ist, schon in der Früh und auch wenn sie nach Hause kommt und eigentlich bereit ist, im Sofa zu versinken. Dann ist es, als ob sie zwei virtuelle Zahnstocher in ihre Augen einsetzen würde und den restlichen Abend Gas gibt, obwohl wir sehen, dass sie Schlaf braucht.
Aber allein zu hören, dass das, was wir als Familie tun, nicht falsch ist, ist unheimlich befreiend. Man kann viel lesen, fühlen und meinen. Und unsere Eltern befragen, sie sind ja lieb, aber es ist viel Zeit vergangen seit damals. Diese Aussprache hat sehr gut getan.

Nach dem Gespräch

Es war angenehm, mit einem Sachkundigen zu sprechen und zu erfahren, dass unsere Versuche nicht hoffnungslos waren. Das beruhigte, obwohl er nicht viel Konkretes sagte.
Wir haben versucht, mit Mathilde darüber zu reden, was wir wollen und was nicht. Nach einiger Zeit ist es besser geworden. Sie hat damit aufgehört, Frederik zu schlagen und zu beißen, hat aber weiterhin Probleme. Wenn sie beisammen sind, beißt sie die Zähne zusammen, als ob sie Angst hätte, dass das schief geht. Vielleicht versucht sie, ihre Gefühle im Zaum zu halten.
Ich habe nicht mehr Angst davor, dass sie ihm schadet, bin aber traurig, dass es ihr so schwer fällt. Vielleicht liegt es am schwierigen Beginn.
Als ich Frederik erwartete, sprachen wir wirklich viel darüber, wie wir Mathilde einbeziehen könnten. Wir analysierten das von A bis Z, anstatt Frederik auf die Welt zu bringen, uns zu entspannen und die Kinder Kind sein zu lassen.
Wenn ich mit den Kindern wieder von vorne anfangen könnte, würde ich sie viel mehr so nehmen, wie sie sind: Kleine Menschen, die in vielerlei Hinsicht wie alle anderen Menschen behandelt werden sollten.

Wenn Ihr Ältestes das Jüngste kränkt

1. Kinder kooperieren mit ihren Eltern. Das heißt auch, dass sie alles daran setzen, sich über das kleine Neugeborene zu freuen.
2. Wenn das Jüngste geboren wird, erleidet das Älteste einen 50-prozentigen Verlust. Dieser tatsächliche Verlust sollte in der Familie bearbeitet werden.
3. Es hilft, wenn der Vater das Älteste auf den Schoß nimmt und sagt: „Es ist zu dumm, dass Mutter ständig mit dem Kleinen zu tun hat - nicht?"

Nehmen Sie Ihre Grenzen ernst

In einer Familie mit fünf Kindern ist es besonders wichtig, dass alle einander helfen, anstatt gegeneinander zu kämpfen. Umfangreiche Serviceleistungen erzeugen kleine Egoisten und laut Jesper Juul ist es am Besten, wenn Kinder spüren, dass ihre Hilfe gebraucht wird.

Brief an familylab

Ich bin eine Mutter von fünf Kindern, wobei die jüngsten, die drei Jahre bzw. fünf Monate alt sind, auch die Kinder meines Freundes sind. Meine drei ältesten Kinder Emma (8), Kasper (10) und Tobias (13) sind aus einer früheren Beziehung. Im Alltag wohnen wir alle sieben zusammen, nur leider streiten sich die Buben über alles, von der Jause bis zum Spielzeug. Nun ist es eskaliert, ich habe genug, bin desperat und wünsche mir Hilfe, um den Alltag für uns alle zu ändern. Ich hoffe, dass Sie uns helfen können.

Grüße von
Michala und Stefan

Das Gespräch

Jesper Juul: Lassen Sie uns ein wenig über Sie sprechen, Michala. Es scheint, dass Sie bereits Ihre Reserven aufgebraucht haben.
Michala: Ja, es gibt viele Konflikte mit den Buben. Wir kommen nicht an sie heran.
Jesper Juul: Was soll das heißen? Ist das auch so, wenn Sie in „Friedenszeiten" versuchen, zu ihnen durchzudringen?
Michala: In Friedenszeiten sind sie liebevolle, reizende Buben.
Stefan: Ja, dann können wir gut mit ihnen reden und sagen: „Könntet ihr bitte so und so tun?", aber das ist vergessen, sobald sie sich in die Haare geraten. Dann ist ihnen völlig egal, was wir machen.

> Derzeit arbeiten Sie 24 Stunden täglich und ein wenig mehr. Und dann wundern Sie sich darüber, dass Ihre Kinder Egoisten werden!

Jesper Juul: Wie ist Ihr Verhältnis zu Ihren drei neuen Kindern im Allgemeinen?
Stefan: Wenn alles ruhig ist und alle fröhlich sind, dann geht es mir mit allen dreien sehr gut. Nicht besser mit dem einen als mit dem anderen. Dann werde ich von allen dreien umarmt. Aber wenn gewisse Situationen entstehen, fühlen sie sich von uns bald ungerecht behandelt.
Jesper Juul: Ich glaube, dass wir zwei Pläne schmieden müssen. Einen kurzfristigen und einen langfristigen. Ich erzähle zuerst vom langfristigen.
Michala, Sie haben sich als hilfsbereite Person beschrieben, die immer da ist. Gehe ich recht in der Annahme, dass Sie alles Menschenmögliche und ein wenig darüber hinaus getan haben, um die Folgen der Scheidung für Ihre Jungen zu kompensieren?
Michala: Ja.
Jesper Juul: Ich finde, Sie sollten anfangen, Ihre eigenen Grenzen ernst zu nehmen, und damit aufhören, ständig Ja zu sagen. Derzeit arbeiten Sie 24 Stunden täglich und ein wenig mehr. Und dann wundern Sie sich darüber, dass Ihre Kinder Egoisten werden!
Wenn man so vollständig umsorgt wird, dann lernt man das als

Selbstverständlichkeit anzusehen. Und jetzt sind Sie am Ende. Sie sind jetzt so alt, dass Sie darauf achten sollten, wer Sie sind und wie Sie sich selbst empfinden. Sie können nicht mehr geben und da hilft auch nicht eine Woche Urlaub. Dazu braucht es viel mehr.
An Ihrer Stelle, Stefan, würde ich die Familie versammeln und sagen, dass es eine Krise gibt und dass Michala Hilfe braucht. Ich schlage vor, dass Sie den „Verein zur Verwöhnung Michalas" gründen, in dem zuerst Sie Obmann sind, und dann Michala, sobald sie dazu im Stande ist. Und Sie müssen das so sagen, damit sich kein Kind persönlich schuldig fühlt.
Ich überlege, ob Sie für diesen Prozess Hilfe bekommen können. Eigentlich haben Sie jemanden verdient, mit dem Sie eineinhalb Jahre lang alle 14 Tage reden können.
Sie brauchen nicht unbedingt eine Therapie. Mein kurzfristiger Plan für Sie ist aber, dass Sie neben Stefan einen Sparringpartner brauchen, der, mehr als ich in einem Gespräch, die Dinge zurechtrücken kann. Im Moment fungieren Sie als Obstgarten mitten in der Stadt, wo jeder einen Apfel nimmt, wenn es ihm passt.

Das Wichtigste ist, die Kinder nicht dafür zu kritisieren, die Serviceleistungen angenommen zu haben.

Wenn Sie selbst Lust auf einen Apfel haben, gibt es keinen mehr und am Ende werden Sie schlecht behandelt und missbraucht und völlig zermürbt sein.
Man kann menschenfreundlich sein, ohne seine Grenzen aufzugeben. Und Sie müssen lernen, einen Zaun um den Garten zu errichten und das Tor von Zeit zu Zeit zu schließen.
Michala: Mir fällt es schwer Nein zu sagen, das stimmt.
Stefan: Wir haben darüber gesprochen, dass das notwendig ist. Es ist beispielsweise nicht nötig, dass Michala die Kinder in die Schule chauffiert, sie könnten radeln.
Jesper Juul: Das Wichtigste ist, die Kinder nicht dafür zu kritisieren, die Serviceleistungen angenommen zu haben. Sie haben versucht, ihnen alles Mögliche zu geben, und nun können Sie nicht mehr. Jetzt bekommen die Kinder die Möglichkeit, Ihnen etwas zurückzugeben.

Sie müssen gemeinsam mit ihnen Prioritäten setzen und eine Zeit lang werden Sie sich egoistisch und selbstbezogen vorkommen und müssen damit zurechtkommen. Dabei brauchen Sie einen Sparringpartner, der Sie zurückhält, wenn Sie gerufen werden und ins Auto springen wollen. Es ist wichtig, dass Stefan und Sie nicht darüber streiten, wenn er Sie zurückhalten will.

Das, was Ihnen etwas gibt, sollten Sie weiterhin machen. Aber ALLES, was Sie tun MÜSSEN, weil Sie sonst Schuldgefühle bekämen, muss weg.

Ich weiß, dass man mit fünf Kindern nicht alles fallen lassen kann. Ich hoffe, dass Sie Ihre Bemühungen um 25 Prozent reduzieren können.

Ich bezweifle, dass Sie gegen die jetzigen Streitereien der Kinder etwas ausrichten können.

> Lehren Sie sie, dass sie nicht nur eine Belastung sind, sondern dass sie auch wertvolle Mitglieder der Gemeinschaft sind.

Michala: Ich glaube auch, dass Sie von mir und meinem Ex gelernt haben, dass man einander anschreit, wenn man aufeinander sauer ist.

Jesper Juul: Verwenden Sie darauf möglichst wenig Kräfte und lehren Sie sie, dass sie nicht nur eine Belastung sind, sondern dass sie von nun an für ihre Mutter wertvoll sind. Ihre Lage ist nämlich AKUT. Obwohl Michala meint, absolut unentbehrlich zu sein, ist es nicht so, und deshalb bitte ich Sie, Stefan, Obmann zu sein.

Stefan: Nein, wir werden das schon hinkriegen, ohne dass sie sich einmischt. Ich habe eine Frage, weil die Buben so viele Konflikte haben. Oft rennen wir quasi hin und versuchen sie zu stoppen. Sollen wir sie einfach raufen lassen?

Jesper Juul: Ich würde den Jungen sagen, dass es für Sie enorm zermürbend ist, wenn sie so viel streiten, und sie zukünftig versuchen sollen, Konflikte selbst zu lösen, weil Sie nicht glauben, dass Sie ihnen dabei helfen können. Es ist ermüdend, etwas zu versuchen, was nie gelingt, und gerade jetzt steht das Wohlbefinden ihrer Mutter im Vordergrund.

Michala: Ich bin oft mit allen fünf Kindern allein, weil Stefan so früh in die Arbeit geht. Kleinigkeiten lösen Konflikte aus: Wer die Jause zuerst bekommt und so weiter. Kasper ist am schlimmsten. Er hat ein gewaltiges Temperament, entschuldigt sich aber danach immer.

Jesper Juul: Sie könnten ja sagen, dass der Reifste die Verantwortung für den Morgen übernehmen darf. Ich bin gespannt, wer sich der Aufgabe gewachsen fühlt.

Michala: Tobias ist der Älteste, ihm fällt es schwer, weil Kasper ihn nicht bestimmen lässt. In der Tat versucht er zu helfen.

Jesper Juul: Es klingt, als ob er es lernen könnte, ohne „Oberfeldwebel" zu spielen. Und ich glaube, dass Sie viel erreichen können, wenn Sie den Ernst der Lage betonen. Die Kinder müssen sich benehmen, die Serviceleistungen werden reduziert und Michala verwendet das nächste Jahr dafür, zu Kräften zu kommen.

Stefan: Das klingt absolut richtig. Die zwei Großen fahren jetzt zu ihrem Vater und wenn sie zurückkommen, müssen wir alle miteinander reden.

Nach dem Gespräch

Das Gespräch mit Jesper Juul hat mich weitergebracht. Als er sagte, dass ich eine Rolle spiele, statt Ich zu sein, war das ein wenig wie ein Schlag ins Gesicht. Ich dachte: „Oh Gott, das tue ich, aber wenn nicht, wer bin ich dann?" Was soll ich sagen, wenn ich nicht von Regeln und Normen, mit denen ich mich gut auskenne, sprechen soll? Was soll ich dann meinen?

Es war wie eine Nachjustierung. Jetzt muss ich eine neue Rolle spielen, in der ich mich spiele. Ich konnte auch sehen, dass das nicht nur in meiner Beziehung zu Kasper so war, sondern auch bei anderen Gelegenheiten in meinem Leben.

Ich habe Ähnliches schon früher gehört, dass ich unnahbar wirken kann und dass es schwer ist, herauszufinden, was ich meine. Nach dem Gespräch mit Jesper Juul sprach ich mit Kasper und erklärte ihm, dass ich mich in Zukunft klarer ausdrücken wolle, dass ich nicht mehr schreien und ihm die Schuld geben werde, wenn etwas schief geht.

Er freute sich und horchte, statt sich die Ohren zuzuhalten, wie er das sonst getan hatte, wenn ich mit ihm sprechen wollte. Von nun an will ich herausfinden, was ich eigentlich meine, und Stellung beziehen, wo verhandelt werden kann und wo nicht. Wenn wir beispielsweise essen, dann sitzen wir gemeinsam bei Tisch - so ist das. Wir können aber darüber verhandeln, was wir essen, dafür muss Raum sein.

So schaffen sich Eltern Raum in der Familie

1. Tun Sie nichts für Kinder, was sie selbst tun können. Das Gefühl, etwas selbst zu meistern, gibt Selbstvertrauen.
2. Lernen Sie, Ihre Bedürfnisse zu bejahen. Anfänglich nur die wichtigsten, danach allmählich immer mehr.
3. Lassen Sie sich von Ihrer Partnerin oder Ihrem Partner, von Freundinnen und Freunden unterstützen, wenn es Ihnen schwer fällt.
4. Serviceleistungen sind Serviceleistungen und Fürsorge ist Fürsorge. Sie haben nichts miteinander zu tun.
5. Machen Sie Ihre Kinder nicht schlecht, weil sie sich bedienen lassen. Wenn Sie ihnen das beigebracht haben, müssen Sie es selbst verantworten.

Reden Sie so, dass Ihre Kinder zuhören

Ich treffe nahezu täglich Eltern, die zu irgendeinem Zeitpunkt sagen: „Meine Kinder hören nie auf das, was ich sage.“ Manchmal bedeutet das, dass die Kinder nicht immer folgen und das tun, was ihnen gesagt wurde. Aber oft bedeutet es, dass die Eltern tatsächlich nicht erleben, dass die Kinder auf sie hören. Aus meiner Erfahrung weiß ich, dass die Ursache immer die gleiche ist: Das, was der Erwachsene sagt, ist es nicht wert, gehört zu werden!

Das ist natürlich eine provokante und harte These, aber sie ist in der Tat fast immer richtig. Das bedeutet nur selten, dass am Inhalt dessen, was die Erwachsenen sagen, etwas falsch ist. Ganz im Gegenteil: Es ist oft sowohl wahr als auch vernünftig. Da zählen andere Faktoren.

Der eine hat mit Kontakt zu tun. Viele Erwachsene scheinen davon auszugehen, dass sie Kontakt mit ihren Kindern haben, sobald sie sich in Hörweite befinden. So ist es nicht. Das kindliche Bewusstsein ist aktiv und die Aufmerksamkeit überall oder ganz auf etwas, was gerade geschieht, fokussiert. Sie müssen tagtäglich mehr lernen als die meisten Studierenden in einer Woche und trotzdem gehen wir davon aus, dass wir ihnen jederzeit Nähe und Aufmerksamkeit abverlangen können. Deshalb zahlt es sich aus, vor einer Botschaft „anzuklopfen“. Ein freundliches „Hallo Trine … hallo!“, schauen Sie ihr in die Augen und achten Sie darauf, wann sie bereit ist. Ab dem ersten Lebensjahr dauert es in der Regel 4 bis 7 Sekunden. Wenn sie da ist, können Sie fortsetzen: „Hallo, ich will dir etwas sagen. Kannst du mir jetzt zuhören?" Meist ist die Antwort „Ja" und die wenigen Male, an denen es nicht so ist, zahlt sich das Warten aus: „Okay, dann warte ich ein wenig."

Dieser Ratschlag wirkt auf viele Eltern provozierend, weil er am gewohnten Eigentumsrecht auf das kindliche Bewusstsein rüttelt. Sollen wir unsere Kinder wirklich genauso gut behandeln wie fremde Erwachsene? Ja, es lohnt sich auf jeden Fall und die Kinder lernen ein Verhalten, über das sich die Eltern später freuen.

Der nächste Schritt ist, sich freundlich und persönlich auszudrücken. Nicht freundlich im Sinne übertrieben lieber oder demonstrativ kinderfreundlicher Stimmführung, die leider üblich geworden ist. Sondern warm, zuversichtlich und respektvoll. Freundlichkeit heißt hier, dass sowohl Stimme als auch Körpersprache sagen: „Ich habe positive Erwartungen an unseren Kontakt und unsere Zusammenarbeit und ich sorge schon dafür, dass wir beide genügend Raum haben."

Wer bin ich, was will ich, wo sind meine Grenzen und welche Werte vertrete ich? Obwohl es so einleuchtend ist, dass persönliche Ausdrucksweise im Kontakt mit unseren Partnern, Freunden und der übrigen Familie am besten funktioniert, ist es nicht immer gleich leicht. Es dreht sich nämlich nicht einfach nur darum, alle Sätze mit „Ich" zu beginnen. Es erfordert, dass eine Verbindung zwischen dem Sprecher und den Worten besteht - dass „Körper" und Substanz in den Worten liegen, dass der Ausdruck möglichst authentisch ist. Niemand kann ständig authentisch sein, es ist der Wille, es zu versuchen, weshalb andere uns zuhören und ernst nehmen.

- Ich würde mir wünschen, dass du etwas spielst, das weniger Lärm macht.
- Ich möchte, dass du dich bald schlafen legst.
- Ich will nicht, dass du mich beißt, aber ich möchte wissen, warum du zornig bist.

Das erfordert natürlich, dass die Eltern untersuchen, wer sie sind und was sie wollen oder nicht wollen. Aber das ist ja genau das, was man für ein geglücktes Rendezvous oder das Verführen des Partners braucht oder um zu beschließen, wohin der nächste Familienurlaub führen soll. Unter Erwachsenen, die sich gut ken-

nen, braucht es oft weniger, weil sie wissen, was zwischen den Zeilen steht. Mit Kindern geht das nicht so einfach, weil sie von versteckten oder indirekten Botschaften verwirrt werden.
Gelingt es immer? Nein, das tut es nicht. Unabhängig davon, wie sehr wir uns etwas wünschen, wie freundlich und persönlich wir es ausdrücken, ist es jederzeit möglich, dass das Kind nicht mitspielt. Dort beginnen Dialog und Verhandlung und da bekommen die Kinder optimale Möglichkeiten, ihre eigenen Grenzen und Bedürfnisse kennen zu lernen, um nach und nach Eltern und anderen Erwachsenen qualifiziertes Gegenspiel zu liefern.
Muss man nun alles zwischen Himmel und Erde ständig verhandeln? Nein, ich meine, sicher nicht. Es sind die Eltern, die die Macht haben - sowohl die Macht, das Kind ernst zu nehmen und die richtige Entscheidung zu treffen - als auch, wenn das Kind das Geniale daran nicht erkennt. Das führt bei Kindern oft zu Frustrationen, die ihnen nicht schaden. Verhandeln Sie kurz, treffen Sie Ihre Entscheidung und handeln Sie danach. Das schafft sowohl große Frustration als auch große Geborgenheit. Eltern vernachlässigen ihre Führungsrolle, wenn sie durch Frustrationen der Kinder handlungsunfähig oder zu flexibel werden, und sie lassen ihre Kinder im Stich, wenn sie sie wegen ihrer Unzufriedenheit kritisieren oder nur im Konsensfall handeln.
Manche Konflikte sind wichtiger als andere. Es geschieht oft, dass die Bedürfnisse und Wünsche beider Parteien gleich wichtig sind, weshalb es schwierig ist, der Erwachsene zu sein. Zum Glück gibt es Abhilfe! Kinder wollen nichts lieber, als ihren Eltern Freude zu machen und zu erleben, dass sie ihnen wertvoll sind. Deshalb ist es ratsam, sie um Hilfe zu bitten.

- Jetzt weiss ich nicht, was ich tun soll. Ich verstehe, dass du einen kindergartenfreien Tag haben willst, ich muss aber arbeiten gehen. Kannst du mir helfen?

Das ist nicht damit gleichzusetzen, dem Kind die Führung oder Verantwortung zu überlassen. Es ist ein Weg, mit dem das Kind in den Führungsprozess einbezogen werden kann, ohne ihm den Fahrersitz zu überlassen. Manchmal haben die Kinder eine Lösung, manchmal nicht, aber der Konflikt wird immer abgeschwächt, wenn das Kind erlebt, dass es ernst genommen wird. Diese Form der Führung ist eine Kunst, die den wenigsten in die Wiege gelegt wurde. Wir müssen sie mit unseren Kindern lernen und wenn mehrere Kinder in der Familie sind, müssen wir sie unterschiedlich praktizieren. Dieser gegenseitige Lernprozess ist entscheidend für die Qualität der Beziehung, für die Entwicklung von Empathie und der Fähigkeit, Signale anderer Menschen zu lesen, und dafür, dass sich alle Beteiligten wohl fühlen. Eine gesunde Familie ist eine, in der sich alle frei fühlen, ihre Wünsche, Träume und Bedürfnisse auszudrücken, und allmählich lernen, dass das kein Garant an sich dafür ist, alles zu bekommen. Fürchten Sie nicht den Konflikt und die Frustration. Fürchten Sie nur Apathie und Schweigsamkeit.

Wenn nur die Mutter taugt

Die Mädchen Kaja und Isabella wollen nur mit ihrer Mutter zu tun haben, diese fühlt sich aber zunehmend verbraucht. Gleichzeitig verzweifelt der Vater beim Versuch, von den Mädchen akzeptiert zu werden. Laut Jesper Juul ist es an der Zeit, dass der Vater sich einbringt, anstatt danach zu fragen, wie.

Brief an familylab

Wir sind eine vierköpfige Familie, die dringend Hilfe braucht. Wir sind soeben aufs Land gezogen und in den letzten Monaten hat sich vor allem Ulla um Kaja (5) und Isabella (2) gekümmert, während Jens sich auf die Instandsetzung des neuen Hauses konzentrierte.

Ulla fühlt sich verbraucht, die Mädchen finden aber, dass nur die Mutter taugt. Wenn Jens übernehmen will, erntet er Widerstand von den Mädchen, die lieber mit Ulla zusammen sein wollen. Das frustriert uns beide.

Wir brauchen Hilfe, damit Ulla lernt Nein zu sagen und Jens ohne Gejammer, Geschrei und Konflikte übernehmen kann.

Bei genauerer Betrachtung gab es diese Herausforderung bereits vor der Übersiedlung, aber eher in der letzten Zeit. Wir hoffen, Sie können uns helfen.

Viele Grüße

Jens und Ulla

Das Gespräch

Jesper Juul: Worüber wollen wir reden?

Ulla: Über die Situation, die nach der Übersiedlung auf das Land und der Renovierung des Hauses entstanden ist. Ich war viel mit den Kindern allein, während Jens gearbeitet hat. Der Plan war, dass ich einfach sagen sollte, wenn ich von Jens abgelöst werden wollte.

Stattdessen ist ein Teufelskreis entstanden. Wenn ich mich sehr stark beansprucht fühle, alles schaffen muss und Jens übernehmen soll, dann wollen die Mädchen ihn nicht, heulen und schreien nach mir und mit der Ruhe ist es dann vorbei.

> Es ist nicht, weil die Kinder Sie, Jens, nicht mögen, sie mögen nur diese Rolle, die Sie ihnen geben, nicht.

Jesper Juul: Ist das, im Vergleich zu früher, anders geworden?

Ulla: Es gab auch früher solche Perioden, aber …

Jens: Wir bemerken es jetzt mehr. Wenn ich beispielsweise am Samstag arbeite, entsteht das Problem, wenn ich den Mädchen am Ende des Tages helfen will. Ich weiß nicht, wie ich den Kontakt handhaben soll und Ulla hat nicht genug Kraft mich einzuweisen. Ich komme nicht dazu zu sagen, dass ich hier bin: „Habt ihr Lust, mit mir zusammen zu sein?“ Stattdessen zieht es sie mehr zu Ulla, der es schwer fällt sich rechtzeitig abzuseilen.

Jesper Juul: Was meinen Sie damit, dass es ihr schwer fällt sich abzuseilen?

Ulla: Ich schaffe es nicht mich loszusagen, bevor meine Grenze überschritten wurde, und dann überschreite ich die Grenzen meiner Kinder, indem ich sie anschreie oder kurz angebunden bin. Ich schaffe es nicht, Jens rechtzeitig zu fragen, ob er übernehmen kann. Stattdessen fauche ich plötzlich: „Jetzt musst du übernehmen“, und ich bin weg. Ich möchte lernen, mich im Guten zurückzuziehen.

Jesper Juul: Sie brauchen also Hilfe, und Sie brauchen Hilfe von Jens. Ich würde mir wünschen, dass Sie einen Vorschlag formulieren, wie er Ihnen helfen könnte. Versuchen Sie Ihre Phantasie einzusetzen. Sie sind, wie Sie sind, und Sie haben den Nachteil, sich nicht rechtzeitig lossagen zu können. Wenn Sie es mit etwas Abstand betrachten, wie könnte Ihr Mann Ihnen helfen, sich besser um sich zu kümmern?

Ulla: Ich glaube, er könnte mich umarmen, bevor es zu viel wird. Ich erkenne den richtigen Zeitpunkt nicht und vielleicht kann Jens mir helfen innezuhalten, bevor es zu spät ist.

Jesper Juul: Jens, sind Sie nach einer Weile zu Hause im Stande zu spüren, sehen, fühlen oder riechen, dass es bald so weit ist?

Jens: Ja, das kann ich. Es breitet sich Hektik aus.

Ulla: Das ist schwierig. Es hat mich schon öfters gestört, wenn Jens versuchte mir zu helfen, worauf ich sagte: „Ich kann das alleine!“

Jesper Juul: Ich habe den Eindruck, dass Sie den Motor nicht einfach abschalten können, wenn er mal läuft. Sie haben nie gelernt, auf Ihre eigenen Grenzen und Ihr Wohlbefinden zu achten, und so geht es ja vielen Menschen. In solchen Fällen ist es wichtig, dass der Partner ein Gespür und den Mut hat einzugreifen. Aber Sie brauchen eine Abmachung, die besagt, dass das in Ordnung ist, sonst rennt Jens ins offene Messer.

> Kinder wollen ihre Eltern die ganze Zeit bei sich haben und sie werden ein wenig unbarmherzig, wenn man sich nicht aktiv einbringt.

Die Idee mit der Umarmung ist sicherlich nicht schlecht. Ich glaube aber, dass Sie sie von hinten umarmen müssen, damit die Umarmung kein Anlass zur Diskussion wird.

Jens, Sie müssen aktiv werden und ihr sagen: „Es ist in Ordnung, dass du müde bist, geh spazieren, leg dich hin oder geh in die Küche.“ Nicht als Kommando, sondern als Aufforderung, die Szene zu verlassen, damit die Kinder nicht den Eindruck bekommen, heiße Kartoffeln zu sein, die weitergereicht werden. Das geschieht derzeit ein wenig. Es ist nicht, weil die Kinder Sie, Jens, nicht mögen, sie mögen nur diese Rolle, die Sie ihnen geben, nicht. Und in Wirklichkeit klammern sie sich nur an Ulla, um ihr zu helfen, als ob sie sagen würden: „Bitte, sei doch nicht so gestresst.“

Jens: Ich kann Ullas Stress fast schon vor ihr fühlen. Wenn sie sich ein Ziel setzt, dann muss sie es einfach erreichen. Und wenn ich das mitbekomme, ist es schwer zu sagen: „Mach einen Spaziergang, Schatz.“ Vor allem, wenn sie es nicht bemerkt hat.

Jesper Juul: Ja, aber wenn Ulla weniger aktiv werden soll, dann müssen Sie aktiver werden und aufhören Fragen zu stellen. Sie müssen etwas Aktives sagen wie: „Ulla, du bist drauf und dran, dich völlig zu verausgaben. Hör auf damit!“

Und dann muss Ulla herausfinden, ob es reicht tief durchzuatmen, ob sie ins Bett oder spazieren gehen will. Stellen Sie sich darauf ein, dass Sie sich manchmal unbeliebt machen. Seien Sie liebevoll, geben Sie ihr Zeit einzusehen, dass Ihr Gefühl in einer Stresssituation besser als ihr eigenes ist und dass es vernünftig ist, das Ruder anderen zu überlassen. Wenn Sie sagen: „Ähem … Ulla … glaubst du nicht, …?“, dann werden Sie zum Störfaktor, dem der Kopf abgerissen wird. Es dreht sich nicht darum, mehr Kraft in die Kinder oder ins Haus zu investieren. Es geht darum, eine Fürsorge für Ulla herzustellen, wozu sie nicht selbst im Stande ist. Das ist schwer erkennbar, weil sie so kompetent wirkt. Ich glaube, dass sie eher Fürsorge denn Entlastung braucht.

> Bringen Sie sich ein und sagen Sie: „Jetzt ist euer Vater für euch da.“

Jens: Das wäre auch ein besserer Übergang für die Kinder.

Jesper Juul: Ja, und damit wird verhindert, dass sie zu Paketen reduziert werden, die von einem zum anderen geworfen werden. Stattdessen räumen Sie auf und übernehmen die Führung. Es kann sein, dass die Kinder dann sagen: „Ich will meine Mutter haben!“ Und darauf können Sie sagen: „Fein, aber das geht jetzt nicht!“

Kinder wollen ihre Eltern die ganze Zeit bei sich haben und sie werden ein wenig unbarmherzig, wenn man sich nicht aktiv einbringt, sondern wie Stellvertreter oder Hilfskräfte agiert. Mit dieser Rolle ist niemandem gedient, auch Ihnen nicht.

Ich gebe Ihnen, Jens, nicht die Hauptverantwortung dafür, was hier geschieht. Ulla braucht jemanden, der etwas aktiver wird und sagt: „Mach eine Pause, entspanne dich.“ Bringen Sie sich ein und sagen Sie: „Jetzt ist euer Vater für euch da“, und dann schaffen Sie Ulla und ihre starken Schwingungen aus dem Raum, damit Sie die Führung übernehmen können.

Jens: Ich habe schon früher Ulla gefragt, ob sie nicht laufen gehen wolle. Von nun an werde ich nicht mehr fragen, sondern sagen: „Schatz, geh laufen."

Nach dem Gespräch

Wir entschlossen uns, gleich eine Art Familienvertrag zu erstellen, in dem festgehalten wurde, dass Jens sein Tempo erhöhen und ich meines verringern soll. Wir vereinbarten, dass ich ihn bitten kann, einen Gang zuzulegen und dass es Zeit wird, an der frischen Luft spazieren zu gehen, wenn er kommt und mich umarmt.

Wir haben früher viel und lange diskutiert, aber jetzt haben wir vereinbart, dass einer von uns spazieren geht, wenn eine Diskussion festgefahren ist. Auf diese Weise beenden wir die Diskussion, bevor wir stundenlang Energie brauchen, ohne uns Gute Nacht zu wünschen ins Bett gehen und viel Zeit vergeudet haben. Das ist unter unserer Würde und viel zu aufwendig.

Wir haben uns danach für eine Paartherapie entschieden, in der wir weiter arbeiten und klären können, was wir mit unserer Beziehung und unserem Leben wollen.

Die Kinder waren bei der Erstellung des Vertrages dabei und wünschten sich unter anderem eine tägliche Familienumarmung. Dadurch lachen wir, kitzeln einander und rangeln täglich.

Weiters haben wir mit den Kindern vereinbart, dass sie sagen können, wenn sie finden, dass die Stimmung unangenehm wird. Kaja hat ein paar Mal, wenn die Stimmung schlecht war, gefragt: „Werdet ihr euch jetzt scheiden lassen?"

Dann haben wir ihr zugehört und ihr erzählt, dass das nicht der Fall ist, aber dass wir eine Familie sind, in der wir viel zusammen sind und auch Probleme haben. Das gehört zum Familienleben dazu und dann müssen wir die Dinge so nehmen, wie sie kommen.

Die Abmachungen unsere Entwicklung betreffend haben sich als gut erwiesen. Und damit wollen wir in Zukunft weitermachen.

Wenn Ihr Kind einen Elternteil bevorzugt

1. Der, der abgelehnt wird, muss sich überlegen, wie sehr er in der letzten Zeit anwesend war. Kinder kooperieren mit psychisch oder physisch abwesenden Elternteilen, indem sie sich dem anderen Elternteil zuwenden.
2. Elternschaft funktioniert am besten als Teamwork.
3. Wenn Sie dazu neigen, zu viel Verantwortung zu übernehmen oder Ihre Grenzen zu überschreiten, ist es Zeit, persönliche Verantwortung zu entwickeln: Zeigen Sie sich verantwortlich für Ihre Grenzen, Werte und Bedürfnisse. Damit lehren Sie Ihre Kinder, das Gleiche zu tun.
4. In solchen Konflikten ist es ratsam, „das Eisen zu schmieden, wenn es kalt ist“ - eine neue gemeinsame Strategie in Zeiten zu formulieren, in denen Frieden und Kontakt zwischen den Erwachsenen herrschen.
5. Machen Sie eventuell einen Familienvertrag, in dem Sie vereinbaren, wie Sie die Herausforderungen, mit denen Sie zu kämpfen haben, lösen.

Ihre Kinder sehnen sich nach Geborgenheit

Birgitte ist Mutter von drei Kindern und mit einem Mann verheiratet, der selten zu Hause ist, aber trotzdem die Familie lenkt. Birgitte braucht Hilfe, um die Streitereien der Kinder besser handhaben zu können. Dabei sind deren Reaktionen ganz natürlich für Kinder, die sich nach Geborgenheit sehnen, erklärt Jesper Juul.

Brief an familylab

Wir sind die Eltern der siebenjährigen Cecilie, des fünfjährigen Michael und der dreieinhalbjährigen Katrine.
Unsere Herausforderung besteht darin, dass wir zutiefst uneins darüber sind, wie wir unsere Kinder erziehen, weshalb wir Ende 2006 beschlossen haben, uns zu trennen. Wir haben uns aber nach ein paar Monaten wieder gefunden und sind seitdem einige Male ins Ausland übersiedelt. All das hat die Kinder beeinflusst.
Letztes Jahr habe ich beschlossen, mit den Kindern nach Dänemark in eine Wohnung zu ziehen. Seitdem hat Erik sie nur selten gesehen, weil er geschäftlich viel zu tun hat, und er plant, gemeinsam mit uns ins Ausland zu ziehen.
Ich habe beschlossen, NICHT mitzuziehen. Ich spüre, dass

ich wegen der ständigen Tränen und Streitereien der Kinder zutiefst frustriert und der Meinung bin, dass die Kinder dringend Ruhe und Stabilität brauchen. Ich hoffe, dass Sie mir einen Rat geben können.

Herzliche Grüße
Birgitte

Das Gespräch

Jesper Juul: Worüber wollen wir reden?
Birgitte: Zu Hause wird viel herumgeschrieen und ich werde häufig sauer. Vieles geschieht, weil mir die Kapazitäten fehlen und weil so viel rund um uns herum passiert.
Ich höre ständig: Mutti, Mutti, Mutti. Geschrei, Geschrei, Geschrei, Schlagen, Heulen, Unheil. Ich weiß einfach nicht, was ich tun soll. Selbst wenn ich einen guten Tag habe, wird es mir zu viel und ich kann sie nirgendwohin mitnehmen.
Jesper Juul: So wie Sie Ihr Leben beschreiben, bei all dem, was zwischen Ihnen und Ihrem Mann geschieht, und mit Ihren häufigen Übersiedlungen, wundert es mich nicht.
Birgitte: Mich eigentlich auch nicht.
Jesper Juul: Ich glaube nicht, dass Sie direkt in Bezug auf die Kinder etwas machen können, aber wir können wahrscheinlich über Ihre Fähigkeit, Ihren Willen und Ihre Lust, stärker in Erscheinung zu treten und Grenzen zu setzen, sprechen.
Birgitte: Okay, mein Mann und ich haben große Probleme in der Ehe und das beeinflusst unseren Alltag. Er ist selten zu Hause und wenn er endlich da ist, habe ich oft den Eindruck, dass er alles falsch macht. Er schimpft mit den Kindern und wird wütend, und wenn er damit meine Grenzen überschreitet, sage ich ihm das. Das kann nicht warten, weil er es sonst gleich vergisst.
Er findet oft, dass ich ein „mieses Weibsstück" bin, das ihn nicht genügend unterstützt. Aber das kann ich nicht, wenn er etwas

tut, mit dem ich nicht einverstanden bin. Wir sind in Erziehungsangelegenheiten verschiedener Ansicht. Die Kinder sehnen sich oft nach ihm und werden verwirrt und unsicher, wenn er uns besucht und plötzlich wieder weg ist.

Jesper Juul: Die Meinungsverschiedenheiten sind vielleicht nicht die Schwierigkeit, viel eher, dass Sie die Autorität der Familie an jemanden delegieren, der sie gar nicht haben will.

Birgitte: Ich habe die Autorität!

Jesper Juul: Nein, und Sie wollen sie offensichtlich auch nicht haben. Sie begehen täglich Selbstmord, indem Sie Ihre eigenen Bedürfnisse negieren. Er geht ein und aus, wie es ihm passt, und behandelt Sie, als ob Sie schwarz angestellt seien. Er zollt Ihnen kaum Respekt, weder als Mutter noch als Frau.

Sie begehen täglich Selbstmord, indem Sie Ihre eigenen Bedürfnisse negieren.

Die Autorität zu haben verlangt, dass Sie die Verantwortung dafür übernehmen, welche Kultur in der Familie etabliert wird, und dass Sie sich selbst ernst nehmen. Aber es hat den Anschein, dass Sie nur dann reagieren, wenn er sehr grob ist oder die Kinder herhalten müssen.

Birgitte: Ich bin so weit gegangen, weil wir im Ausland wohnten und ich von ihm ökonomisch abhängig war. Ich konnte nicht einfach nach Hause ziehen. Er verspricht ständig alles Mögliche und ich glaube ihm das auch immer eine ganze Weile, aber es geschieht nie.

Jesper Juul: Er setzt die Bedingungen für das Leben Ihrer Familie und unabhängig davon, was ihm einfällt, folgen Sie ihm. Das wirkt völlig unannehmbar.

Für Ihre Kinder muss eine Geborgenheit im Verhältnis zu Ihnen aufgebaut werden, bei der sie davon ausgehen können, dass Sie die Entscheidungen treffen, von denen Sie überzeugt sind.

Zum Glück reagieren Ihre Kinder so, das ist jedenfalls besser, als wenn sie sich in einem Mauseloch verstecken würden. Aber Ihre Familie befindet sich in einer ernsten Lage.

Birgitte: Das weiß ich. Ich bin nur manchmal drauf und dran zu explodieren.

Jesper Juul: Das kann ich mir vorstellen. Den Kindern geht es ja wie Ihnen. Und Ihnen geht es nicht gut. Die meisten Ihrer Entscheidungen waren selbstzerstörerisch.

Birgitte: Aber ich habe Angst, etwas falsch zu machen, und ich fürchte mich davor, alleine klarkommen zu müssen. Ich denke ständig darüber nach, ob mit mir etwas nicht stimmt.

Jesper Juul: Ihr Mann scheint recht extrem zu sein, aber in einer Familie ist sein Verhalten nur möglich, wenn der andere Erwachsene mitspielt. Ich will nicht sagen, dass dort DAS Problem liegt, aber dort liegt IHR Problem.

Im Moment fühlen sich Ihre Kinder sich selbst überlassen. Sie wissen, dass Sie die Eltern sind, aber wann fangen Sie an, sich dementsprechend zu verhalten? In Ihrer Familie bestimmt die Person, die am wenigsten anwesend ist und die geringste Verantwortung übernimmt, den Ton, und das geht so nicht. Ihre Idee, hier etwas zu bekommen, das Ihre Kinder beruhigen kann, ist absurd. So etwas gibt es nicht.

> Die Autorität zu haben verlangt, dass Sie die Verantwortung dafür übernehmen, welche Kultur in der Familie etabliert wird, und dass Sie sich selbst ernst nehmen.

Birgitte: Ich wundere mich darüber, dass ich noch immer verheiratet bin. Alles, was Sie sagen, weiß ich schon. Ich bin so wütend.

Jesper Juul: Ich bin sicher, ab dem Augenblick, in dem Sie anfangen, konstruktive Entscheidungen zu treffen, vergehen höchstens zwei Jahre, bis Sie und andere Ihre Familie ganz anders beschreiben werden.

Wenn Sie heute nach Hause kommen, können Sie Ihren Kindern sagen: „Ich habe mit jemandem darüber gesprochen, wie wir es schaffen können, in Zukunft weniger miteinander zu schreien und zu raufen. Er sagte, dass es, so wie die Dinge derzeit liegen, gar nicht anders möglich ist und dass ihr in Ordnung seid. Stattdessen stimmt etwas mit unserem jetzigen Leben nicht.

Ich würde mir einen Zauberstab wünschen, mit dem ich es hier und jetzt verändern könnte, was aber nicht geht. Ihr müsst noch eine Weile damit leben. Inzwischen bitte ich euch, so wenig als möglich zu schreien und ich werde auch weniger laut werden." (Und gehen Sie nicht auf ihren Vater ein).

Dieses Gespräch ist der erste Schritt, um Ihre Autorität wieder

aufzubauen. Man würde am liebsten seinen Kindern versprechen, dass alles wieder gut wird. Aber das sollte man nicht tun, wenn man dieses Versprechen nicht einlösen kann. Wichtig ist, dass Sie ehrlich bleiben. Sagen Sie, dass Sie sich wünschen würden, innerhalb einer Woche aufräumen zu können, aber das geht nicht.
Sie müssen irgendwo beginnen und es ist Ihre Entscheidung, wann Sie in den Vordergrund treten und bestimmen, ob Sie übersiedeln, wo Sie arbeiten und welche Rolle der Vater im Leben Ihrer Kinder spielen soll.

Nach dem Gespräch

Man würde am liebsten seinen Kindern versprechen, dass alles wieder gut wird. Aber das sollte man nicht tun, wenn man dieses Versprechen nicht einlösen kann.

Nach dem Gespräch mit Jesper Juul wurde mir vor allem klar, dass es nicht besser werden kann, solange ich mit meinem Mann zusammenbleibe. Das war ein Anstoß für viele Gedanken, aber ich war noch nicht bereit, die Situation zu ändern. Ich hatte ein Gespräch mit einem Therapeuten und sah ständig eine große, schwarze Wolke über dem Entschluss. Es war einfach die Furcht davor, dass ich die Scheidung nicht überleben würde.
Aber ich sah dann ein, dass ich nicht nur überleben, sondern leben wollte. Ich bin überzeugt, dass mich Besseres erwartet. Letzte Woche einigten wir uns über die Scheidung und sprachen in einem guten und respektvollen Ton über Erziehung und Zukunft der Kinder. Ich glaube, dass Erik mich und die Kinder eher respektieren und auf uns eingehen wird, wenn wir nicht mehr zusammen sind.
Derzeit fühlt er sich von mir überwacht, was auch stimmt, weil es mir schwer fällt, seine Art, mit unserem Sohn Michael umzugehen, zu tolerieren. Michael ist ein Muttersöhnchen, stur, sucht die Konfrontation und wir fanden heraus, dass es uns am liebsten wäre, wenn er unser beider Sohn wäre.
Ich vertrage aber seine harte Männerart, ihn zu erziehen, nicht. Erik sagt oft: „Mein Vater hat mich nicht so oft umarmt, ich habe

trotzdem überlebt." Aber das bringt ja nichts und wir sehen, wohin uns das gebracht hat.
Mir geht es gut damit, dass wir einen Schlussstrich ziehen. Ich bin froh, voller Hoffnung und glaube fest daran, dass wir ruhigeren und geordneteren Verhältnissen entgegensehen, in denen die Kinder sich zurechtfinden können.
Erik hat sich von seiner guten Seite gezeigt, vielleicht weil er sich befreit fühlt. Er hat sich auch eingeengt gefühlt und hatte den Eindruck, dass er nicht der sein konnte, der er sein wollte, und dass unsere Träume nicht länger übereinstimmten.
Ich ließ mich nicht mehr von seinen Worten begeistern, das war schon lange nicht mehr der Fall. Er ist ein Träumer, ich bin Realistin und jetzt ist es an der Zeit, dass wir auseinandergehen.

Wenn Ihre Kinder ständig streiten

1. Untersuchen Sie, ob zwischen den Erwachsenen ungelöste Konflikte bestehen.
2. Untersuchen Sie, ob andere Ursachen dazu führen könnten, dass sich die Kinder nicht geborgen fühlen.
3. Moralisieren Sie nicht in Bezug auf das Verhalten der Kinder. Helfen Sie ihnen stattdessen, Konflikte besser zu lösen.
4. Vergessen Sie nicht, das Eisen zu schmieden, wenn es kalt ist! Gespräche sollen dann geführt werden, wenn das Problem nicht am Höhepunkt ist, sondern wenn der Konflikt schon etwas abgekühlt ist.

Stiefvater oder Freund der Familie

Darf man automatisch Erzieher spielen, wenn man zu seiner Freundin und ihren beiden kleinen Mädchen zieht? Jesper Juul klärt, welche Rolle man als Vaterersatz übernehmen kann und welche Herausforderungen das mit sich bringt.

Brief an familylab

Wir sind ein Liebespaar, das sich zweieinhalb Jahre gekannt hat. Wir haben viel Zeit miteinander und mit meinen beiden Mädchen (4½ und 7) verbracht. In den letzten Monaten haben wir auch zusammengewohnt. Kristian hat die Kinder gern, aber er beansprucht ständig die Rolle des Erziehers, was sowohl mich als auch die Mädchen stört und Konflikte erzeugt. Ich hoffe, Sie können helfen.

Liebe Grüße
Majbritt

Das Gespräch

Jesper Juul: Worüber wollen Sie sprechen?
Majbritt: Mein Problem besteht darin, dass Kristian die Mädchen richtiggehend anhimmelt. Sie zurechtzuweisen oder mit ihnen zu schimpfen, ohne sehr lange Sätze zu brauchen, fällt ihm hingegen schwer.
Jesper Juul: Können Sie ein Beispiel nennen?
Majbritt: Wenn einem der Mädchen während des Essens ein Bissen auf den Boden fällt, fragt er, ob es nicht ein wenig näher zum Tisch rücken könnte, damit das Essen nicht am Teppich landet und er danach nicht putzen muss. Anstatt einfach zu sagen: „Verwende deinen Teller!"

> Ja, aber so hat sie nichts davon. Sie verliert ihre Würde, wenn sie darauf hören soll.

Am Ende sind sowohl die Mädchen als auch Kristian genervt und geraten in einen Konflikt. Das geschieht in etwa 15 Mal am Tag. Er hat oft recht, aber die Art, wie er es sagt, funktioniert nicht.
Jesper Juul: Kristian, wieso haben Sie diesen Stil?
Kristian: Ich verpacke es möglicherweise zu sehr, aber es erscheint mir logisch, wenn ich es tue. Wenn ich nur sage, dass sie beim Essen aufpassen sollen, ist das nicht genug. Sie müssen ja auch erfahren, warum.
Jesper Juul: Sie meinen, dass die Kinder eine Begründung brauchen. Sie müssen bedenken, dass es hier um Erziehung geht. Sie kennen die Mädchen erst seit drei Jahren und sind somit noch immer ein Fremder.
Majbritt: Wir haben einige gemeinsame Werte. Wenn Konflikte in meiner Anwesenheit entstehen, kann ich sie bearbeiten. Das muss Kristian nicht tun. Wenn beispielsweise bei Tisch ein Problem entsteht, dann bin ich zuständig und Kristian kann das Zusammensein einfach genießen - so lautet die Abmachung.
Jesper Juul: Das habe ich verstanden, aber Kristian, ich möchte noch genauer hören, warum Sie so agieren.
Kristian: Es ist meist die Große, Luna, mit der ich, insbesondere beim Essen, Konflikte habe. Wir spielen gut zusammen, aber wenn sich die Dinge zuspitzen, dann in der Regel mit ihr. Es gibt

Sachen, über die sie nachdenken sollte, ich habe aber den Eindruck, dass es keinen Fortschritt gibt. Ihr scheint alles, was ich sage, egal zu sein.

Jesper Juul: Sie haben da eine Mission?

Kristian: Wenn ich mich an der Erziehung der Mädchen beteiligen und nicht das fünfte Rad am Wagen sein soll, dann ja.

Jesper Juul: Das ist sehr wichtig. Die Alternative dazu, Miterzieher zu sein, ist nicht, das fünfte Rad am Wagen zu sein. Es gibt Zwischenstadien. Ich höre, dass die Mädchen Sie sehr schätzen und ihrer Mutter gegenüber sehr loyal sind. Das sage ich, weil ihre Proteste Ihnen gegenüber im Vergleich dazu, wie sie sein könnten, sehr moderat sind.

Kristian: Jaaa …

Jesper Juul: Sie stehen beispielsweise nicht auf dem Tisch und sagen: „Du bist verdammt noch mal nicht mein Vater!!!"

Kristian: Nein, nein, das tun sie nicht.

Jesper Juul: Nein, sie sind ihrer Mutter gegenüber loyal und stimmen ihren Entscheidungen zu. Aber wenn Sie sagen, was Sie sagen, und wie Sie es sagen, dann fühlen sie sich dumm. Und damit müssen sie sich dann abfinden. Und Sie sitzen da mit dem Gefühl, dass nichts weitergeht.

Wenn Erwachsene „Erwachsene" spielen, spielen Kinder „Kinder".

Aber es ist sehr schwierig, etwas zu lernen, wenn man sich dumm fühlt. Es ist viel leichter, etwas zu lernen, wenn man weiß, dass man dumm ist - das heißt, dass man sich dessen bewusst ist, dass man etwas noch nicht weiß oder kann.

Ich bin viel mit Erwachsenen zusammen und mache Erwachsenenbildung, wo die Erwachsenen viel Zeit brauchen einzusehen, dass es etwas gibt, das sie noch nicht wissen, und dass das in Ordnung ist.

Das älteste Mädchen ist regelrecht stecken geblieben, weil jede Erziehung Manipulation und Grenzüberschreitung ist. Wenn man Kinder erzieht, geht man über ihre Grenzen und bestimmt, wie sie sein sollen.

Wenn es angemessen geschieht und sie die Liebe des Erziehenden fühlen, nehmen sie das hin. Kinder sind in manchen Bereichen hoffnungslose Romantiker, aber hier sind sie unglaublich realistisch.

Sie kennen Sie einfach nicht lange genug. Und ich kann Ihnen sagen, ab wann man erziehen darf: nach etwa fünf bis sechs Jahren. Bei der Großen ist es zu spät. Sie ist Teenager, bevor Sie anerkannt werden.

Majbritt: Mein Eindruck ist, dass meine Mädchen als dumm hingestellt werden.

Jesper Juul: Das ist es nicht genau, was hier geschieht. Kristian will sie nicht als dumm hinstellen, aber so wirkt es. Das kommt daher, dass er sagt, was einleuchtend ist. Es geschieht das eine oder andere Unglück und Kristian analysiert, was dazu geführt hat und was man tun muss, damit es nicht wieder geschieht. Eine typisch maskuline Art der Erziehung. Wenn Sie nach Hause kommen, von einem fürchterlichen Arbeitstag berichten und er das Gleiche täte! Würde er sagen: „Du musst einsehen, dass dein Tag viel besser gelaufen wäre, wenn du anders gehandelt hättest", würde Sie das sehr nerven. Es ist genau das Gleiche, was auch die Mädchen schmollen lässt. Nämlich, dass er das tatsächliche Geschehen unterschätzt.

> Wenn Sie echt sind, bekommen Sie eine Mitspielerin, von der Sie sonst nur hätten träumen können.

Kristian: Aber ich tue das ja nur ihr zuliebe.

Jesper Juul: Ja, aber so hat sie nichts davon.

Sie verliert ihre Würde, wenn sie darauf hören soll. Fragen Sie sie stattdessen, ob sie Ihre Meinung dazu hören mag, wie es besser werden könnte. Und ansonsten sagen Sie ihr einfach Ihre Meinung, wie beispielsweise: „Verdammt, das nervt, wenn du das Essen am Boden verstreust."

Sie haben einfach noch nicht den Status, um in die Erziehung eingreifen zu können. Ich glaube, dass Sie ihn irgendwann erreichen. Wenn Sie Zurückhaltung üben, kommt das älteste Mädchen vielleicht in ein paar Jahren auf Sie mit Fragen zu, mit denen sie nicht zu ihrer Mutter geht. Weil Sie ihr nicht so nahe stehen wie Mutter und Vater und weil Sie ihr Freund sind. Ein wirklicher Freund.

Ich sehe es als Notwendigkeit an, dass Sie sich ändern. Dafür garantiere ich, dass die Kinder alles dafür tun werden, Sie zufrieden zu stellen. Schon jetzt bemühen sie sich sehr darum.

Kristian: Ja, das tun sie.

Jesper Juul: Das Wichtigste ist, dass Sie damit aufhören, „Erwachsener" und „Vater" zu spielen. Wenn Erwachsene „Erwachsene" spielen, spielen Kinder „Kinder" und werden sehr kindisch. Wenn Sie echt sind, bekommen Sie eine Mitspielerin, von der Sie sonst nur hätten träumen können.

Nach dem Gespräch

Vor allem Kristian hatte etwas von dem Gespräch. Er schafft es besser, nicht zu erziehen, aber er übt nach wie vor. Wir haben noch immer die Vereinbarung, dass ich mich um Konflikte kümmere und er tunlichst Konflikte mit den Kindern meidet.

Wenn Kristian rückfällig wird und wieder erziehen will, dann gehen wir das gleich an. Ich muss ihn nur daran erinnern, dass er eigentlich will, dass die Mädchen zu ihm kommen und ihn so wie mich respektieren.

Sie fangen an, sich immer an Kristian zu wenden, aber sobald er zu erziehen beginnt, fangen wir wieder von vorne an. Vor allem die Älteste, die von vornherein reserviert ist.

Das Treffen mit Jesper Juul hat uns darin bestärkt, dass wir bei Konflikten das Richtige taten und weiterhin tun und dass das die Kinder nicht negativ beeinflusst. Und es war gut, eine ausführliche Erklärung dafür zu bekommen, warum das gut ist.

Ich vermute, dass man als Patchworkfamilie immer vor Herausforderungen steht und es sicher schwerer ist, in einer solchen Familie zu leben. Man muss natürlich daran arbeiten, damit sie funktioniert.

Denken Sie daran, wenn Sie in einer Patchworkfamilie leben

1. Dass es lange dauert, bevor Stiefmutter oder Stiefvater qualifizierte Erzieher sind.
2. Dass man Werte und Grenzen auch anders vermitteln kann, ohne in die Rolle des Erziehers zu schlüpfen.
3. Dass Erwachsene zu einander loyal sein sollten, auch wenn sie sich nicht einigen können.
4. Dass biologische Eltern ihre Kinder immer auf den ersten Platz der persönlichen Hitliste setzen.
5. Dass die Rolle als Stiefmutter oder Stiefvater in erster Linie im Dialog mit den Kindern geformt werden soll.

Unser Junge wird oft gescholten

Inmitten anderer Kinder wird der fünfjährige Mads oft grob. Sein Vater schimpft mit ihm und fordert, dass der Junge die Grenzen kennen müsse. Jesper Juul meint hingegen, dass Mads die Möglichkeit haben soll zu lernen, wo die Grenze verläuft.

Brief an familylab

Wir sind ein Paar mit einem fünfjährigen Sohn, der uns mittlerweile Sorgen bereitet. Gegenüber seinen Spielkameraden wird er mitunter sehr grob. Einige Freunde haben erwähnt, dass Mads immer öfter zuschlägt, und wir sind besorgt, wo das enden wird.

Unsere Meinungen, wie wir das Problem, das seit einigen Monaten ansteht, handhaben sollen, gehen auseinander. Jonas meint, dass wir mit Mads ruhig schimpfen und ihm mehr abverlangen könnten. Ich meine hingegen, dass wir Mads zu viel Verantwortung in die Schuhe schieben und er nicht so viel geschimpft werden sollte. Wie kommen wir in dieser Sache weiter? Ich hoffe, dass Sie helfen können.

Viele Grüße

Amalie

Das Gespräch

Jesper Juul: Worüber wollen wir heute reden?
Amalie: Am Freitag, eine halbe Stunde bevor Gäste kamen, wurde Mads immer wilder und war nicht zu bändigen. Wir schafften es nicht einzuschreiten, weil wir selbst gestritten hatten. Etwas später schlug er eines der Gastkinder. Am Ende sagte der Vater dieses Kindes, dass Mads angefangen hatte hinzuhauen. Wir sind uns nicht sicher, wie wir das handhaben sollen.
Jesper Juul: Ich glaube, dass hier zwei Dinge wichtig sind. Wie Sie selbst sagen, verliert er den Überblick. Er verliert die Kontrolle, wenn so viele Menschen anwesend sind. Das ist nicht unbedingt abnormal für Fünfjährige.
Er will ja gerne dabei sein und freut sich darauf, kennt sich aber nicht aus. Das Resultat ist, dass die Leute sich über ihn ärgern und versuchen, ihn einzugrenzen, und was soll er dann machen?
Amalie: Was muss er lernen?
Jesper Juul: Er muss lernen, mit seiner physischen Energie umzugehen. Manchmal ist er klein und gemütlich, dann wieder zwei Meter groß. Er muss lernen sich abzugrenzen, damit er mit anderen Kindern zusammen sein kann, ohne dass diese beispielsweise zu Schaden kommen. Das muss er von seinem Vater lernen und er kann es nur physisch lernen. Es nützt nichts, ihn zu schimpfen oder Grenzen zu setzen.
Amalie: Soll das heißen, dass er echten Kontakt benötigt?
Jesper Juul: Ja, aber seien Sie vorsichtig mit Schlagwörtern wie „echter Kontakt“. Wenn Sie das einem Vater sagen, dann hören die meisten Männer, dass sie bisher unecht gewesen wären. Unterlassen Sie die Verwendung derart wertender Wörter. Sagen Sie stattdessen, was ich gesagt habe. Dass es nur sein Vater ist, der ihn lehren kann, mit seiner maskulinen Energie umzugehen. Es wäre gut ein Ritual einzuführen, bei dem Jonas die Initiative übernimmt und sagt: „Jetzt raufen wir.“ Das ist einfach und geht schnell, er wird es bald lernen. Sie können ihm aber auch sagen: „Ich habe bemerkt, dass du verwirrt wirst, wenn Gäste kommen, weshalb du dich nicht mehr beherrschen kannst. Ich bin neugierig zu erfahren, was dabei so schwer ist.“
Amalie: Weiß er das?
Jesper Juul: Wahrscheinlich. Vielleicht kann er es nur nicht aus-

drücken. Aber es ist wichtig für ihn zu wissen, dass Ihnen klar ist, dass er nicht einfach „schlimm" ist. Sondern dass Sie rätseln, was passiert.

Oder Sie können ihn fragen, wann es beginnt, was ihn unruhig oder nervös macht. Ein Dialog ist hilfreicher als zu moralisieren und ihm das Schlagen zu verbieten. Das nützt nichts.

Ein normal begabter Fünfjähriger weiß, dass man nicht schlagen darf. Er weiß es. Kinder müssen etwa fünf Jahre alt sein, um solche Moralhaltungen verinnerlichen zu können, obwohl man schon versuchen soll, es Zweijährigen zu erklären.

Amalie: Mein Mann meint, dass Mads total berechnend sei.

Jesper Juul: Das glaube ich nicht.

Ich glaube, dass Sie es damit vergleichen können, wie viele Erwachsene auf Festen reagieren. Sie können sich alles Mögliche versprechen. Trotzdem sind es dieselben, die jedes Mal zu viel trinken. Die Unsicherheit macht Menschen so durstig.

> Es ist, als ob er sagen würde: „Lieber Vater, jetzt darfst du mir physisch nahe kommen, weil ich ein deutlich spürbares Vorbild brauche."

Das Gleiche geschieht hier. Aus Unsicherheit beginnt er sich mit den großen Muskeln auszudrücken, anstatt mit den kleinen, die die Stimmbänder steuern. Und genau wie sein Vater geht er lieber vorwärts, anstatt in einer Ecke ein Puzzle zu machen. Gibt es ein Hindernis, muss es weg.

Amalie: Das ist gut zu hören.

Jesper Juul: Es ist, als ob er sagen würde: „Lieber Vater, jetzt darfst du mir physisch nahe kommen, weil ich ein deutlich spürbares Vorbild brauche. Es ist fein mit Mutter, aber jetzt brauche ich etwas anderes." Er hat die Fürsorge bekommen, die er braucht. Von nun an wendet er sich zunehmend Jonas zu. Und das heißt auch, dass Sie die Konflikte mit Jonas in Bezug auf Mads' Erziehung reduzieren müssen.

Es kann schon sein, dass wir in Videoanalysen herausfinden würden, dass Jonas im Umgang mit Mads Fehler macht, aber das ist für den Lernprozess notwendig. In Ihrer Situation muss man geduldig - oder eher langmütig - sein, er macht es, so gut er es kann, und das muss Ihnen genügen.

Wenn Sie sich jedes Mal einmischen, untergraben Sie seine Rolle. Das ist wie eine halbe Kastration. Er muss aus den Reaktionen seines Sohnes lernen - lernen, Vater zu sein, und davon verstehen Frauen nichts.

Amalie: Aber ich finde manchmal, dass er zu hart ist.

Jesper Juul: Ja, aber es ist nicht Ihre Aufgabe Vater zu sein. Wenn Sie aufschreiben sollten, warum Sie sich in ihn verliebten, und er, warum er sich in Sie verliebte, würde er wahrscheinlich Ihren Körper, Ihre Wärme, Spontaneität und so weiter nennen. Aber in einer länger andauernden Beziehung müssen Ihre Qualitäten ihn bereichern und umgekehrt, gegenseitig Zuschauer zu sein reicht nicht.

> In Ihrer Situation muss man geduldig - oder eher langmütig - sein, er macht es, so gut er es kann, und das muss Ihnen genügen.

Ich empfehle, nicht als Trick, sondern aus einer Notwendigkeit heraus, dass Sie sich von Ihrem Mann einladen lassen. Sagen Sie ihm: „Ich habe bezüglich dir und Mads etwas zu sagen. Sag mir, wenn du dazu bereit bist." Obwohl er groß und stark ist, fällt er nämlich leicht um. Wenn das passiert, wird er dumm und sagt unsinniges Zeug. Anders kann er Ihre Weisheit nicht annehmen. Zehn Jahre lang haben Sie schlechte Erfahrungen damit gemacht, durch den Haupteingang zu ihm zu kommen. Setzen Sie sich jetzt auf die Terrasse und warten Sie auf ihn. Es geht gar nicht darum, ob Sie ihm etwas Geniales erzählen wollen. Das ist nebensächlich, solange Sie nicht auf seine Bereitschaft zuzuhören warten.

Ich kann Ihnen einen Fingerzeig geben. Das Problem von uns Vätern ist, wir haben den Eindruck, dass wir Schwierigkeiten haben, Kontakt mit unseren Partnerinnen zu bekommen. Stattdessen sprechen wir ständig mit der Mutter unserer Kinder. Und das erzeugt Frust.

Kinder erleben das Gleiche. Wenn man nicht weiß, was zu tun ist, rastet man aus. Je früher Jonas lernt, mit Situationen, die zu Aggressionen führen, umzugehen, umso früher lernt es auch Mads.

Ich erinnere nochmals an das Bild von vorhin. Als ich früher sehr viel gearbeitet habe, bin ich nach Hause gekommen zur Mutter meines Sohnes, die mir statt eines Willkommensgrußes mitteilte, dass Nikolaj unter meiner Abwesenheit leiden würde. Man legt sich eine dicke Haut zu und sagt: „Was zum Teufel meinst du?" Und wenn man richtig primitiv ist, geht man zum Gegenangriff über.

Ich kann mich daran erinnern, wie meine damalige Frau sagte: „Ich habe mir oft überlegt, ob du ihn - also unseren Sohn - in deiner Abwesenheit vermisst." Und dann bin ich zusammengebrochen. Weil sie plötzlich über mich sprach. In dem Augenblick, in dem andere die Sehnsucht ansprechen, die Männer über tausend Jahre verneinen mussten, bemerkt man sie. Man sitzt ja nicht heulend am Arbeitsplatz. Man schiebt die Sehnsucht von sich weg. Aber wenn man auf diese weichen Seiten angesprochen wird, fühlt man sie und überlegt es sich vielleicht, ob man Überstunden macht.

> Ihr Mann muss lernen Vater zu sein, und davon verstehen Frauen nichts.

Viele Männer bleiben zu Hause, um sich bei der Partnerin beliebt zu machen, aber das ist ja der falsche Grund. In einer Partnerschaft dreht es sich darum, bei einander die Dinge ins Leben zu rufen, die uns zum Wachsen bringen. Beispielsweise könnte man sich eine Konfrontation zwischen Jonas und Mads vorstellen, in der sich Jonas viel zu viel aufplustert und zu groß wird.

Ich glaube, dass Sie in wenigen Stunden Ihre emotionale Balance wiedergewinnen können, aber warten Sie lieber zwei Tage, bis Sie damit zu Jonas gehen. Und dann fragt er vielleicht, was das soll. Worauf Sie antworten können, dass Sie gespannt seien, wie es ihm mit dieser Situation gehen würde.

Amalie: Er würde sagen: „Fein". Da gibt es nichts zu sagen.

Jesper Juul: Fein. Er lässt sich nicht belehren. Ich vertraue auf Ihre Intelligenz und darauf, dass Sie einen klugen Mann gewählt haben.

Amalie: Dumm ist er nicht.

Jesper Juul: Eines Tages fragt Ihr Sohn vielleicht: „Warum konntest du Vater nicht im Zaum halten, als ich klein war?" Sie müssen dann entgegnen: „Weil ich nie richtig herausgefunden habe, wie man durch den Hintereingang an ihn herankommt. Aber ich wollte auch kein Bündnis mit dir gegen Jonas bilden. Weil es dann schlimmer geworden wäre."

Amalie: Aber was, wenn Mads wieder schlägt?

Jesper Juul: Ich glaube, dass Sie die Konsequenzen den Geschlagenen oder den Beobachtern überlassen können. Ich würde ihn einfangen und einen Spaziergang im Garten machen. Nur spazieren, ohne ein Wort zu sagen. Selbst wenn ich sage, dass es lange dauern wird, bedeutet das nicht, dass man immer alles wiederholen muss. Er weiß, Sie und viele andere mögen nicht, dass er haut. Und das wird er lernen müssen.

Nach dem Gespräch

Es ist schön, noch einmal darüber zu reden, nachdem das Problem einige Monate danach verschwunden ist. Bei der Heimfahrt konnte ich nicht glauben, meinen Mann zu einer Änderung bewegen zu können. Man kann ihn nicht belehren. Als ich ihm dann davon erzählte, dass er mit Mads Ringkämpfe veranstalten sollte, damit dieser seine eigenen Grenzen kennen lernt, öffnete er sich.

Bis er begriff, dass es nicht nur um Spiel ging, war er dagegen. Er merkte, dass Kräfte zu verwenden und sich selbst zu spüren besser ist, als zu schimpfen. Danach habe ich viel darüber nachgedacht. Mads ist ein physisch sehr aktiver Junge. An einem Regentag kann er ein Puzzle legen, sonst interessieren ihn Skateboard und Fahrrad fahren, laufen, herumhüpfen, Fußball und Gymnastik mehr.

Dass er lernen muss seine Energie zu verwalten, ist sinnvoll. Jetzt sagt Mads jeden Tag: „Hallo Papa, ich wurde heute nicht geschlagen." Dann lachen sie und veranstalten einen Ringkampf. Unser Hund hilft Mads und dann liegen sie alle drei und tollen herum.

Ich habe Jonas danach auch mehr Raum gegeben. Ich kann aus einer pädagogischen Perspektive verstehen, dass Mads Jonas vielleicht mehr braucht, wenn es um diese Jungenspiele geht, aber trotzdem fühle ich, dass er mich genauso sehr braucht. Wenn er empfindlich ist und sich unmöglich aufführt, kommt er zu mir. Wir kochen und backen zusammen, was wir beide genießen.

Als ich zum Gespräch kam, war ich wohl ein bisschen traurig wegen meines Sohnes und es war befreiend herauszufinden, dass wir ganz normal sind. Und darin bestärkt zu werden, dass Hoffnung besteht. Denn das ist ja der Fall.

Wenn Ihr Kind grob ist

1. Denken Sie über das Leben des Kindes und die aktuelle Lage nach und versuchen Sie zu entdecken, wofür oder wogegen Ihr Kind kämpft.
2. Wie sind die Möglichkeiten des Kindes sich physisch zu entfalten und nutzt das Kind diese Möglichkeiten?
3. Hat es mit dem Verzehr von Zucker oder schnell umsetzbaren Kohlehydraten zu tun?
4. Versuchen Sie, Ihren eigenen Elternstil mit etwas Abstand zu betrachten, und denken Sie darüber nach, wie stark er auf ein Kind wirkt, selbst wenn er „angemessen“ ist.
5. Sprechen Sie mit der Kinderbetreuungseinrichtung und untersuchen Sie, wie es Ihrem Kind dort zurzeit geht.

Unser Kind fühlt sich nicht wohl

Kein Mensch und natürlich auch kein Kind fühlt sich immer rundum wohl. Zu Hause geschehen Veränderungen, die die Eltern vielleicht überblicken können oder von denen sie sich etwas Schönes erhoffen. Das Kind wird von den Veränderungen beeinflusst, ohne das Positive in der Zukunft erblicken zu können. Kinder leben im Jetzt. Beim Tagesvater kommt vielleicht ein neues Kind dazu oder eine neue Kindergärtnerin im Kindergarten. Manchen Kindern reicht ein emotionales Naheverhältnis zu einem Elternteil, anderen geht es nur dann richtig gut, wenn alle Familienmitglieder unter einem Dach versammelt sind. Alle erleben viel und machen sich eine Menge Gedanken, von denen wir aber nur durch Zufall, meist aber gar nichts hören. Wir erahnen sie anhand ihrer Augen, Körpersprache, Stimme oder weil ihre Frustrationstoleranz geringer ist als gewohnt.

Nicht selten liegen die Gründe für das momentane Unbehagen des Kindes innerhalb der eigenen vier Wände. Beachten Sie, dass das nicht heißt, dass die Eltern „schuld sind". Wir müssen alle ein Leben lang lernen und leider lernen wir am meisten durch unsere Fehler und Unterlassungssünden, sowohl über uns selbst als auch über das Leben. Geht es einem Kind oder einem Erwachsenen in der Familie nicht gut, dann ist die Frage nach der Schuld völlig uninteressant. Es zählt einzig und allein, wer die Verantwortung übernimmt, die Sache zu untersuchen und die Balance wiederherzustellen. Und die Verantwortung liegt selbstverständlich bei den Erwachsenen.

Viele Kinder leiden am hektischen Alltag der Erwachsenen, an deren gestressten Körpern und Hirnen. Die Erwachsenen leiden auch, sie können aber das Unbehagen besser unterdrücken oder sich auf ein entferntes Ziel freuen. Kinder hingegen reagieren schnell und oft in einer Art, die Sand ins sonst so wohl geschmierte Getriebe des Alltags geraten lässt. Wenn wir es in der Früh eilig haben, reagieren 1- bis 4-jährige Kinder meist damit, ins Kindertempo zurückzufallen, und das ist langsamer als das Erwachsenentempo. Davon werden die Eltern frustriert und ihnen bleiben zwei Möglichkeiten. Sie können anschieben, schimpfen und laaaaange pädagogische Vorträge halten, wodurch die Kinder noch einen Gang herunterschalten und sich weiter in sich zurückziehen. Eltern können auch das niedrigere Tempo als Ausdruck für die Fähigkeit der Kinder zur Kooperation, wie ich das nenne, ansehen. Ihre Langsamkeit ist ein Versuch zu sagen: „Hört mal zu, liebe Eltern. Ich verstehe, dass ihr es eilig habt und in die Arbeit müsst, aber mir geht es zu schnell. Zuerst werde ich aus dem Bett gerissen, bevor ich wach bin. Dann werde ich gewaschen und angekleidet, auf meinen Sessel gesetzt, muss schnell, schnell essen, damit ich in den Gang gehen kann, wo ich Jacke und Schuhe anziehen muss, damit ich noch den Bus in letzter Sekunde erreiche ... Ich fühle mich wie ein Paket, mit dem einige Leute hantieren. Diesen Leuten scheint es egal zu sein, wie es mir geht oder wer ich bin. Könnt ihr bitte eine Lösung für unser gemeinsames Problem finden, sodass ich mich nicht völlig unmöglich aufführen muss, um eure Aufmerksamkeit zu bekommen?"
Derart hektische und gestresste Erwachsene können weder in ihrem eigenen Leben, in dem Leben ihrer Lebensgefährten, noch in dem ihrer Kinder wirklich da sein. Stress macht uns introvertiert, egozentrisch und asozial. Kinder können durchaus mit Eltern leben, die es ab und zu eiliger haben, als ihnen lieb ist, solange sie die Verantwortung für die den Kindern aufgezwungene Unruhe tragen: „Mein Sohn, es tut mir leid, aber heute habe ich es zu eilig, um in deinem Tempo zu bleiben. Kannst du dich etwas mehr als sonst beeilen ... Dann bist du ein Schatz!" Gestresste Mütter oder Väter können das nicht sagen, weil Stress Empathie genauso unmöglich macht wie die Fähigkeit, zwischen den unterschiedlichen Bedürfnissen Brücken zu bauen.

Stress ist eigentlich jede Form körperlicher oder seelischer Belastung, die uns mehr aus dem Gleichgewicht bringt, als unserer Gesundheit zuträglich ist, vor allem, wenn er ein permanenter Zustand wird. Kinder reagieren auch auf Stress, der die Folge von Konflikten und Krisen in der Beziehung ist, auf individuelle Stimmungsschwankungen, kalte Zeiten in der Beziehung, die Krebserkrankung der Großmutter usw.

Wie die Leserschaft hoffentlich bemerkt hat, ist es unmöglich ein Leben zu leben, in dem Kinder nicht belastet werden, weshalb man nichts anderes tun kann, als die Verantwortung dafür wahrzunehmen und, wenn möglich, die Situation zu verbessern. Zumindest sollte die Verantwortung anerkannt und geteilt werden, anstatt individuell zu leiden. Hier folgt eine Art Wegweiser, der hoffentlich helfen kann zu verhindern, dass Eltern oder Kinder zu Sündenböcken gemacht werden.

1. Es ist nie klug, sich auf „das Problem“ zu konzentrieren. Untersuchen Sie lieber Ihre tägliche Kooperation und kontrollieren Sie folgende Punkte:
   - Gehen Sie täglich mindestens eine halbe Stunde, beispielsweise beim Spielen, auf die Ideen und Wünsche Ihres Kindes ein?
   - Teilen Sie sich Ihrem Kinder klar und persönlich mit?
   - Wie oft erkennen Sie an, mit welchen Freuden, Erlebnissen und Qualitäten Ihr Leben durch Ihr Kind bereichert wird?
   - Wie oft denken Sie im Alltag an Ihr Kind als „Aufgabe“, Belastung oder als Quelle von Ärgernissen?
2. Hören Sie sich selbst zu, wenn Sie mit Ihrem Kind reden, und denken Sie darüber nach, wie es Ihnen wohl damit ginge, wenn eine geliebte Autorität so mit Ihnen reden würde. Das Kind darf ruhig Ihre Frustration, Wut oder Sorge erleben, kann aber nicht die Verantwortung für Ihre Gefühle tragen.
3. Bestrafen Sie das Kind nie mit verbaler oder physischer Gewalt oder Isolation. Halten Sie entweder alleine oder gemeinsam mit Ihrem Kind inne, um nachzudenken.
4. Überlegen Sie, wie es Ihnen im Moment geht und wie es den Erwachsenen miteinander geht. Stress und Disharmonie zwischen den Erwachsenen erzeugen Unruhe, Verunsicherung und Konflikte in der gesamten Familie.
5. Untersuchen Sie, wie es dem Kind derzeit in der Kinder-

betreuungseinrichtung geht.

6. Wenn das Problem oder der Konflikt gelöst ist, ist es an der Zeit, das in aller Ruhe zu feiern. Erzählen Sie dem Kind, was Sie dazugelernt haben, und danken Sie dem Kind für seinen Einsatz.

Wenn Sie es schaffen, das längere Zeit durchzuhalten, und „das Problem" nicht verschwindet, sollten Sie sich Hilfe und Inspiration von außen holen.

Ich kann zu meinem Ex-Partner nicht Nein sagen

Lone fällt es schwer, Beschlüsse zu fassen, die zu Lasten ihres Sohnes gehen. Sie schiebt sie wieder und wieder auf und übersieht dabei, dass sie ihr Kind dadurch nicht lehrt, dass es okay ist, Grenzen zu setzen und Nein zu sagen.

Brief an familylab

Mein Ex und ich sind, seit ich schwanger wurde, nicht mehr zusammen, weil er das Kind nicht wollte. Nach langen Überlegungen übernahm Hans trotz allem die Vaterrolle und wir zogen zusammen, kurz bevor unser Sohn Gustav geboren wurde. Als Gustav zwei wurde, zogen wir wieder auseinander. Nachdem Gustav mittlerweile drei Jahre alt ist, fühle ich mich bereit dazu, einen neuen Freund zu finden. Ich habe aber Angst davor, etwas daran zu ändern, dass Hans bei uns aus- und eingeht, wie es ihm gerade passt. Besonders, weil Gustav seine Besuche liebt.

Andererseits kann es mit einem neuen Freund wohl kaum funktionieren, wenn Hans jederzeit hereinschneien kann. Ich kann mir kaum vorstellen, wie eine neue Beziehung funktionieren kann, ohne Konflikte mit meinem Ex und meinem Sohn auszulösen. Können Sie mir helfen?

LG

Lone

Das Gespräch

Lone: Ich weiß nicht, wie eine neue Beziehung funktionieren kann, also in Bezug auf den Vater meines Sohnes. Ich will nicht mit meinem neuen Freund dasitzen, wenn mein Exfreund täglich daherkommt, wie er es jetzt tut. Mir geht es aber auch nicht gut mit der Vorstellung, ihm zu sagen: „Hallo, du kannst deinen Sohn nicht mehr einfach dann sehen, wenn du dazu Lust hast." Weil ich das Gefühl habe, dass ich ihm damit etwas aus seinem Alltag wegnehme, und das will ich nicht.

Jesper Juul: Was sagen Sie da? Sie wünschen sich eine andere Zukunft, ohne jemandem damit weh zu tun?

Lone: Es soll so wenig wie möglich wehtun. Ich denke auch an Gustav. Er liebt seinen Vater, nehme ich ihm dann etwas weg? Ich bin mir aber auch nicht sicher, ob es ihm gut tut, dass seine Eltern so viel zusammen sind, obwohl sie gar kein Paar sind.

Jesper Juul: Dabei kommt es auf vielerlei an. Das bisherige Handeln von Ihnen Dreien ist hochgradig von Rücksichtnahme geprägt. Aber die Gewohnheiten, die sich aus lauter Rücksichtnahme bei Ihnen eingebürgert haben, sind in dem Moment, wo sich Ihre Situation ändert, nicht zweckmäßig. Unmittelbar fällt es mir schwer zu sehen, was Sie Hans wegnehmen, wenn Sie morgen einen Freund finden. Was Sie ihm wegnehmen, ist der Schlüssel, der es ihm möglich gemacht hat, zu kommen und zu gehen, wie es ihm gefiel. Sie haben aber nicht geplant, ihm den Kontakt zu seinem Sohn zu nehmen, und ich kann nicht sehen, warum das Verhältnis zwischen Vater und Sohn Schaden nehmen sollte.

Lone: Hans kommt nahezu täglich und bleibt oft bis Gustav schlafen geht und isst auch bei uns. Das könnte er ja nicht mehr tun.

Jesper Juul: Nein, aber das hat ja nichts mit seinem Verhältnis zu seinem Sohn zu tun. „Wenn wir nicht das Beste bekommen können, dann begnügen wir uns mit dem Nächstbesten." Sie haben sich im Laufe der Zeit an eine Form der Symbiose gewöhnt, die gerade so ungefährlich ist, dass alle damit leben können. Nur dass Sie, wenn Sie an die Zukunft denken - was wird in 15 Jahren sein? - daran zweifeln, dass Sie das so wollen. Wir reden also nicht darüber, inwiefern Hans wie üblich kommen und gehen kann, sondern nur, wann damit Schluss ist.

Lone: Ja, ich bin es, die dieses Dilemma in die Länge zieht. Ich habe auch gar keine Lust auf die Konfrontation.

Jesper Juul: Wäre ich an Ihrer Stelle, würde ich die Situation verändern, bevor Sie einen Freund bekommen, aus Rücksicht auf Sie, Gustav und Hans. Wirklich schlimm wird es dann, wenn jemand von außen dazukommt, der eigentlich nichts mit alledem zu tun hat. Es kann schon sein, dass Gustav aufbegehren wird, wenn ihn sein Vater nicht mehr jeden Tag zu Bett bringt - aber dieser Konfrontation müssen Sie früher oder später ohnehin ins Auge sehen. Ich habe nur Bedenken, wenn Sie diese Entscheidung nicht für sich treffen können und sie mit einem neuen Partner begründen müssen. Sie nehmen weiterhin Rücksicht auf andere. Das muss auch kein großes Drama werden, aber Sie müssen die Entscheidung treffen, die Grenze finden und sich damit abfinden, dass Ihre beiden „Burschen" Sie eine Zeit lang für ein „Miststück" halten. Und wenn Gustav danach fragt, warum sein Vater nicht zum Essen kommt, müssen Sie ihm antworten: „Weil ich das nicht will." Und damit machen Sie sich zunächst nicht beliebt.

Seine und Ihre Wünsche sind nicht im Einklang und das sollten Sie nicht leugnen.

Lone: Kann ich es Gustav so sagen? Soll ich es nicht etwas freundlicher formulieren: „Ich möchte gerne nur mit dir zusammen sein." Oder …

Jesper Juul: Nein, wenn Sie das so sagen, klingt das, als ob Sie auch seine Bedürfnisse berücksichtigen würden. Aber um die geht es hier gar nicht. Seine und Ihre Wünsche sind nicht im Einklang und das sollten Sie nicht leugnen. Die Scheidung seiner Eltern, die Gustav miterleben musste, dauerte vier Jahre, wobei sie auch in vier Monaten hätte überstanden sein können. Es kann schon sein, dass er sich als Zwanzigjähriger beschwert, und dann müssen Sie Stellung beziehen. Aber hier und jetzt sind Sie die Mutter, sind Sie die erwachsene Frau, die dafür zu sorgen hat, dass Sie beide das bekommen, was Sie brauchen. Nicht unbedingt das, was Sie sich wünschen.

Es ist möglich, dass Sie ihm dadurch helfen können, wenn Sie ihm sagen, dass „wir vier Jahre lang Vater-Mutter-Kind gespielt haben. Aber das sind wir ja nicht in Wirklichkeit. Wir sind nicht Mann und Frau."

Wenn er älter wird und fragt, ob es an Ihnen lag, dass Hans nicht mehr so viel bei Ihnen sein konnte, dann müssen Sie das zugeben.

Lone: Das ist es, womit es mir schlecht geht.

Jesper Juul: Ja, aber ich versuche Ihnen zu erklären, warum es keine objektiven Gründe dafür gibt, warum es Ihnen schlecht gehen sollte. Sollte sich zeigen, dass es Ihnen gelingt einen Partner zu finden, mit dem Sie zusammenleben können, dann wird Gustav Erfahrungen machen, die er sonst nicht machen würde. Nämlich wie es ist, wenn ein Mann und eine Frau eine Beziehung aufbauen und leben.

> Ich habe kein einziges Scheidungskind erlebt, das dankbar gewesen wäre. Alle haben irgendwann ihre Mutter angeschaut mit den Worten: „Get a life!"

Im Augenblick lebt er in einem Kompromiss-Paradies, was ihm vermutlich nicht sonderlich schaden wird. Aber das Resultat ist, dass sich der Vater großteils über seine Beziehung zum Sohn identifiziert und die Mutterrolle nur noch aus Rücksichtnahme auf das Kind besteht. Gustav trägt sozusagen das Schicksal von zwei Erwachsenen auf seinen Schultern und das ist zu viel.

Ich habe viele starke und kluge Frauen getroffen, die sich dazu entschlossen hatten, dass ihre Kinder nicht erleben sollten, wie verschiedene Männer ein- und ausgehen, weshalb sie ganz von Männern Abstand genommen haben. Ich habe kein einziges dieser Kinder erlebt, das dankbar gewesen wäre. Alle haben irgendwann ihre Mutter angeschaut mit den Worten: „Get a life!"

Lone: Genauso habe ich es auch getan. Und wenn ich darüber nachdenke, habe ich keine Lust, in zehn Jahren ohne eigenes Leben dazustehen.

Jesper Juul: Als Alleinerzieherin ist es Ihre Aufgabe, Ihrem Kind zu zeigen, dass ein Nein zur Liebe dazugehört. Das ist verdammt schwer und es ist viel leichter, Kompromisse zu schließen. Draußen in der Welt wird es zum Problem, wenn Sie ihn nicht lehren Nein zu sagen. Egal, ob es darum geht, zu den falschen Freunden, Drogen, Alkohol oder anderem Nein zu sagen. Was er von seinem Vater lernt, ist, dass er KEINE Grenzen setzt.

Lone: Ich muss also die Last auf mich nehmen, Grenzen zu setzen?

Jesper Juul: Ja, aber Ihr fehlender Wille, sich selbst ernst zu nehmen, führt dazu, dass Gustav das mit den Grenzen nicht lernt. Das ist nicht vernünftig und auf Dauer werden Sie es nicht schaffen, so ruhig zu bleiben, wenn sich die Probleme häufen. Es ist für Sie unwürdig, wenn Sie in einem Jahr Hans klarmachen, dass Sie nicht Ihres Selbst wegen sondern wegen eines anderen Mannes Nein sagen. Zuletzt verlieren Sie den Respekt vor sich selbst.

Lone: Aber dann bin ich doch immer der Buhmann!

> Und wenn ich darüber nachdenke, habe ich keine Lust, in zehn Jahren ohne eigenes Leben dazustehen.

Jesper Juul: Ja, aber wenn Sie auf Ihren neuen Freund warten, dann ist plötzlich er der Buhmann. Wenn Sie wirklich auf sich und Gustav Rücksicht nehmen wollen, dann müssen Sie es tun, bevor der neue Freund auftaucht, zumindest bevor die beiden anderen ihn treffen. Dies ist eine dieser paradoxen Situationen, in denen die Rücksichtnahme auf das Kind die Eltern dazu zwingt erwachsen zu werden. Eine solche Entscheidung zu treffen, kann als große Bürde empfunden werden, in Wirklichkeit ist sie aber ein großes Geschenk. In Hinblick auf Gustav ist sie notwendig. Es ist die erwachsene Entscheidung. Sie müssen es nicht nur tun, Sie müssen es JETZT tun.

Nach dem Gespräch

Im Laufe der letzten Monate hat sich mein Leben markant verändert.

Es macht mir Spaß, mich an das Gespräch zu erinnern, weil es mir nicht mehr so geht wie damals. Meine Angst davor, Stopp zu sagen, Hans daran zu hindern, ein- und auszugehen, wie es ihm gefällt, habe ich übertrieben. Ich habe mich viel zu lange gequält

und auf ein Wunder gehofft. In Wirklichkeit ging es darum, einmal mich selbst und meine eigenen Wünsche in den Vordergrund zu stellen.
Höchstens eineinhalb Wochen nach dem Gespräch mit Jesper Juul sagte ich Hans, dass ich in meinem Leben weiterkommen müsse. Und wenn er Gustav im Alltag sehen wolle, dann müsse er ihn aus dem Kindergarten holen und ihn zu sich nach Hause nehmen. Er wurde sehr wütend und traurig, dachte, dass ich alles bestimmen und ihm etwas wegnehmen wollte. Aber nach nur zwei bis drei Tagen hatte er sich beruhigt und konnte die Gründe erkennen.
Ich bin darin bestärkt worden zu sagen: „Das sind meine Bedürfnisse, und das mache ich für mich." Gustav hat es gut angenommen und die klarere Trennung seiner Eltern scheint ihm mehr Ruhe zu geben. Der Alltag ist strukturierter geworden. Ich habe noch keinen neuen Mann gefunden, aber ich fühle mich nun bereit für eine neue Beziehung, worüber ich mit Hans viel gesprochen habe. Für uns beide war entscheidend, dass es noch keinen Neuen gibt. Unser Verhältnis ist lockerer und respektvoller geworden. Das Gespräch hat mir gezeigt, dass ich ein größeres Potenzial habe, als ich bisher dachte. Ich traue mich größere Träume zu träumen und weitreichende Entscheidungen zu fällen, ohne die Konsequenzen zu fürchten.

Die Kunst, Ihrem Ex-Partner Grenzen zu setzen

1. Nach einer Scheidung sollten Sie nie versuchen, die Folgen durch übertriebene Flexibilität zu kompensieren.
2. Sie können die Trauer Ihres Kindes ob der Trennung nicht entfernen. Sie können die Trauer Ihres Kindes, so lange sie auch dauern mag, akzeptieren und für Ihr Kind da sein.
3. Machen Sie klare Abkommen und sorgen Sie dafür, dass sie eingehalten werden.
4. Es ist das Beste für Ihr Kind, wenn Sie auf Ihr eigenes Leben achten.
5. Erledigen Sie nie die Arbeit Ihrer Ex-Partnerin oder Ihres Ex-Partners.

Wie kann unser Junge ein besseres Selbstgefühl entwickeln?

Der siebenjährige Emil macht in der Schule viel Wirbel und wird täglich viel gescholten. Jesper Juul spricht mit den Eltern darüber, wie sie ihm zu einem besseren Selbstgefühl verhelfen können, damit er sich nicht von den anderen abheben muss.

Brief an familylab

Wir sind ein Ehepaar, Irene mit 32 (selbständig) und Tim mit 31 (Autor), mit den Kindern Emil (7½) und Laura(3½). Emil, der seinen biologischen Vater jedes zweite Wochenende besucht, hat Schwierigkeiten in der Schule. Er kann seinen Lehrer nicht leiden und es fällt ihm schwer, sich den Regeln in der Klasse anzupassen. Wir sind besorgt, wie das in Zukunft sein wird, wenn er weiterhin in der Klasse so viel Wirbel macht. Derzeit sind wir alle traurig und es fällt uns schwer eine Lösung zu finden, die unser Kind in einer gesunden Entwicklung unterstützt.

Viele Grüße
Irene und Tim

Das Gespräch

Jesper Juul: Worüber wollen Sie mit mir reden?

Irene: Unserem Sohn geht es in der Schule mal gut, mal schlecht. Er mag nicht zuhören und es fällt ihm schwer, sich in die Gruppe mit den bestehenden Regeln einzufinden. Stattdessen kämpft er seine Kämpfe, die wir auch von zu Hause kennen.

Jesper Juul: Und der Klassenlehrerin fällt es schwer, damit umzugehen?

Tim: Nicht nur ihr - auch den anderen Lehrern. Es ist das Gleiche zu Hause. Er will auf die Erwachsenen nicht hören, weshalb man alles oft wiederholen muss.

Genau so, wie er die Gemeinschaft genießt, genau so sieht er sich in der Rolle „Ich gegen die Welt".

Jesper Juul: Geht es auch der Lehrerin so?

Irene: Ja, er scheint das Gefühl zu bekommen, jemand zu sein, wenn er Radau macht.

Tim: Gestern, als wir Ball spielten, fragte er: „Soll ich den Ball in den Garten da werfen?" „Nein", sagte ich, „das ist eine dumme Idee."

Dann schaute er mir in die Augen und schmiss den Ball in den Garten. Ich war zutiefst frustriert. Später frage ich ihn dann: „Warum hast du das gemacht, wo ich doch Nein gesagt habe?" Aber darauf fand er keine Antwort!

Jesper Juul: Wird er irgendwann richtig wütend auf Sie und schimpft auf Sie?

Tim: Manchmal sagt er zu Irene: „Du bist die größte Scheißmutter. Ihr versteht mich nicht." Ich glaube, dass er sich oft sehr missverstanden fühlt. Er will beispielsweise seiner kleinen Schwester sehr viel - zu viel - helfen. Manchmal nimmt er ihre Hände und presst sie auf einen Fußball, obwohl sie gar keine Lust auf Fußballspielen hat. Dann wird es zu viel.

Irene: Ja, er will das Richtige tun, aber so sehr, dass es nicht immer geht.

Jesper Juul: Anscheinend hat er eine Seite, die man als „separatistisch" bezeichnen könnte, weswegen er sich manchmal von anderen absondern muss. Genau so, wie er die Gemeinschaft genießt, genau so sieht er sich in der Rolle „Ich gegen die Welt".

Ich glaube aber nicht, dass er sich sicher ist, dass es okay ist, so zu sein. Es dreht sich möglicherweise um sein Selbstgefühl. Er fühlt nicht, dass er es ist, der es tut, glaube ich.

Irene: Ja, er sagt, dass es ist, als ob ihm ein Engel folgen und nicht er die Dinge tun würde.

Jesper Juul: Es scheint, dass er etwas in sich nicht kontrollieren kann, was ihn verunsichert. Deshalb verhält er sich seinem inneren Separatisten gegenüber so, wie Sie sich diesem Teil von ihm gegenüber verhalten.

Manchmal nimmt dieser Teil von ihm zu viel Platz ein, aber er soll auch nicht erstickt werden. Ich glaube, dass Ihr Erleben dem seinigen ähnelt. Er wirft den Ball in den Garten, ärgert die anderen in der Klasse und schon während er das tut, merkt er, wie einsam er wird. Er kann es einfach nicht verhindern, und was soll man da tun? Da er begabt ist und sich zu artikulieren versteht, könnten Sie ihm sagen: „Es fällt uns schwer, dich ordentlich zu behandeln. Deshalb haben wir mit jemandem darüber gesprochen, dass ein Teil von dir ein ‚Separatist' (oder verwenden Sie ein anderes Wort, das Ihnen besser gefällt) ist, der nicht tun will, was ihm gesagt wird, mit dem wir und deine Lehrer ein Problem haben. Und wir würden gerne das nächste halbe Jahr darauf verwenden, diesen Teil von dir besser kennen zu lernen!“ Kein langes Gespräch, einfach ganz kurz und auf keinen Fall mit so einem Psychologengesicht.

> Es scheint, dass er etwas in sich nicht kontrollieren kann, was ihn verunsichert.

Selbstgefühl kann in zwei Teile geteilt werden. Wie gut er sich selbst kennt und was er davon hält, so zu sein.

Je neugieriger und freundlicher Sie sich dem „Separatisten“ gegenüber verhalten, umso besser. Das heißt nicht, dass er eine Freikarte bekommen sollte, mit der er alles darf, was er will. Es reicht zu sagen: „Ich finde es echt blöd, dass du den Ball über den Zaun geworfen hast. Ich bitte dich, das in Zukunft sein zu lassen.“

Irene: Ja, wenn wir neugierig sind, sagt er selbst: „Verdammt, war das dumm, was ich da gemacht habe.“

Jesper Juul: Ganz genau. Vergessen Sie nicht, dass Sie mit ihm

über den Separatisten zu Zeiten reden sollten, an denen Sie nicht mit dieser Seite von ihm konfrontiert sind. Also nicht während eines Konfliktes oder gleich danach.
Der pädagogische Plan ist, dass er es schafft, den Separatisten in die restlichen 80 Prozent seines Selbst zu integrieren, damit er auch diese Seite an sich akzeptieren kann. Es ist ja auch eine Stärke, auf die Konventionen pfeifen zu können.

Irene: Manchmal sagt er, dass er am liebsten diese Seite von sich wegzaubern würde.

Jesper Juul: Ja, er merkt ja, dass die Erwachsenen diese Seite von ihm satt haben. In den nächsten fünf Jahren wird es vor allem darum gehen, dass er ein nüchternes, akzeptierendes und nuanciertes Verhältnis zu sich selbst bekommt - was so viel heißt wie ein gesundes Selbstgefühl.

> Schon während er das tut, merkt er, wie einsam er wird.

Nach dem Gespräch

Das Gespräch traf in Bezug auf Emil den Nagel auf den Kopf. Wir erzählten ihm, dass wir seinen kleinen Separatisten, den wir kleiner Rasmus tauften, kennen lernen wollten. Weiters erzählten wir, dass wir wüssten, dass wir immer versucht hätten, diesen Teil von ihm durch Schimpfen zu verändern. Er wurde ganz weich und nickte.
Wir sehen nun klarer, in welchen Situationen wir ihm vorgehalten haben, kleiner Rasmus gewesen zu sein. Seinen Widerstand gegen uns können wir nun besser akzeptieren und ihm Raum für seine Frustrationen geben. Lustigerweise enden seine Frustrationsausbrüche schneller, wenn wir sie zulassen. Gleichzeitig finden wir heraus, wodurch er in manchen Situationen zum Separatisten wird.
Wir üben uns darin ihm zu erzählen, wovon er unserer Meinung nach frustriert wird oder weshalb er sich entfernt und unnahbar wird. Er reagiert beispielsweise empfindlich, wenn er enttäuscht wird oder erlebt, dass seine Erwartungen (die oft groß sind) ent-

täuscht werden. Früher haben wir ihn eher als wütenden oder aufbrausenden Jungen interpretiert. Wenn wir aber hinter die Kulissen seiner Ausbrüche schauen, sehen wir Gefühle wie Enttäuschung, Trauer und Einsamkeit.

Es ist leichter geworden, sich in ihn hineinzuversetzen. Wir glauben, dass er seinen inneren Separatisten besser kennen lernen kann, wenn wir gemeinsam über diese Seite von ihm sprechen können, ohne sie entfernen zu wollen.

Hoffentlich werden ihm unsere Bemühungen helfen, in der Schule zukünftig zu gedeihen. Wie Jesper Juul sagte, dauert dieser Prozess seine Zeit, was uns logisch vorkommt. Es beruhigt uns zu wissen, dass die Änderung von Mustern nicht von heute auf morgen möglich ist. Deshalb können wir daran glauben, dass wir unsere Einstellung zu Emil und seinem kleinen Rasmus mit kleinen Schritten ändern können und dass das tatsächlich möglich ist.

Es ist viel einfacher geworden, mit ihm zusammen zu sein. Wir haben ein neues gemeinsames Spiel, nämlich „Der kleine Rasmus war hier“. Dieses Spiel hat nichts Negatives an sich! Wir sehen, wie sein Selbstgefühl dadurch wachsen kann, dass sowohl er als auch wir diese Seite besser kennen lernen.

Was bedeutet Selbstgefühl?

Laut Jesper Juul ist Selbstgefühl der genaueste Ausdruck dafür, was wir auch als Selbstwert kennen. Es ist die Fähigkeit, sich selbst zu fühlen und die Art, sich zu seinen Gefühlen zu verhalten. Selbstvertrauen ist etwas anderes, dabei geht es um Leistung. Wie tüchtig man ist.

So unterstützen Sie das gesunde Selbstgefühl Ihres Kindes

1. Denken Sie daran, dass Selbstgefühl im Inneren angesiedelt ist, während Selbstvertrauen etwas Äußerliches ist und mit Leistung zu tun hat. Beide Teile sind wichtig. Indem Sie sich für die innere Welt Ihres Kindes, die von Leistungen völlig unabhängig ist, interessieren, unterstützen Sie sein gesundes Selbstgefühl.
2. Selbstgefühl kann in zwei Begriffe geteilt werden: Wie gut das Kind sich selbst kennt und was es davon hält, so zu sein.
3. Als Elternteil können Sie Ihrem Kind behilflich sein, sich selbst zu fühlen und zu erleben, indem Sie sich allen Seiten Ihres Kindes gegenüber neugierig statt urteilend verhalten.
4. Ihr Kind muss spüren können, dass es geliebt wird und dass Fehler nicht bedeuten, dass man schlecht ist, sondern dass man noch etwas dazulernen kann.
5. Beim Selbstgefühl von Kindern geht es auch um das der Erwachsenen. Je besser es um Ihr Selbstgefühl als Erwachsener steht, umso mehr regen Sie Ihr Kind dazu an, mit sich selbst in Einklang zu sein.

Ist mein Bub schulreif?

Der sechsjährige Jan ist klein und unsicher in der Schule, er flippt völlig aus, wenn er seinen Willen nicht bekommt. Seine Mutter ist besorgt um seine Rolle im Verhältnis zu den anderen Kindern. Jesper Juul meint, dass sie ihm zu größerer Reife verhelfen kann.

Brief an familylab

Ich bin eine Frau Mitte dreißig und lebe alleine mit meinem Sohn Jan. Als Sechseinhalbjähriger begann er im August mit der Schule. Ich meinte, dass er bereits schulreif sei, und er freute sich auch auf den Schulbeginn. Jetzt ist er oft sauer und wütend und reagiert gegen sein Umfeld, worüber ich mir Sorgen mache.

Drei Monate vor Schulbeginn wechselte er vom Kindergarten in den Hort, wo er nie so recht glücklich wurde, weshalb er auch sagte, dass er wieder in den Kindergarten zurück wolle. Ich fürchte, dass die Entscheidung, ihn in die Schule zu schicken, falsch war. Andererseits ist er wesentlich älter als die anderen Kinder in seinem alten Kindergarten, und deshalb glaube ich nicht, dass es eine Lösung wäre, ihn wieder dorthin zu bringen. Wie finde ich heraus, was das Richtige für Jan ist?

Viele Grüße

Marlene

Das Gespräch

Jesper Juul: Worüber sollen wir reden?

Marlene: Schon vor seinem Schulbeginn war Jan traurig darüber, in den Hort gebracht zu werden. Er weinte und wollte nicht loslassen. Er mochte nicht dort sein, weil er sich von niemandem verstanden fühlte. Ich sprach mit der stellvertretenden Leiterin darüber - auch in Hinblick auf seinen Schulbeginn. Ich zweifelte daran, ob es gut sei, ihn schon heuer beginnen zu lassen.

Jesper Juul: Wie alt ist er?

Marlene: Im Mai wird er sieben. Vom Alter her würde es schon passen, aber ich bezweifle, dass er schon reif genug ist. Die stellvertretende Leiterin bestätigte mir, dass Jan nicht nur kleiner sondern auch unreifer ist als die anderen.

> Die meisten Kinder seines Alters haben ein sehr klares Selbstbild. Sie wissen sehr gut, wie sie sind.

Jesper Juul: Inwiefern ist er unreif?

Marlene: Er reagiert prompt, wenn er seinen Willen nicht bekommt. Er flippt aus und weint blitzschnell. Im Hort haben sie das bemerkt und darüber gesprochen. Sie möchten noch sehen, wie es sich in der nächsten Zeit entwickelt.

Jetzt geht er in die Schule und hat Freude daran. Ich bin aber besorgt, dass sich das ändern könnte und er nicht mehr hingehen will, sollte er mit den anderen nicht mithalten können. Seinem besten Freund Magnus, der im gleichen Hort und der gleichen Klasse ist, geht es gut. Ich fürchte ein wenig, dass es eine Niederlage für Jan bedeutet, dass es Magnus gut geht, während Jan ihm nachhinkt.

Jesper Juul: Wenn Sie und die stellvertretende Leiterin darüber sprechen, dann beschreiben Sie ja nur seine Art, mit bestimmten Konflikten umzugehen. Dabei geht es nicht darum, wie er sonst ist oder ob er am Schreiben und Lesen interessiert ist.

Marlene: Nein, es dreht sich um das Soziale. Rein fachlich interessiert er sich beispielsweise sehr für Mathematik. Aber im Hort hat es ihn nicht interessiert Freunde zu finden. Dort gibt es niemanden, mit dem er spielen möchte. Das macht mir in Hinblick auf die Schule Sorgen. Ein Aspekt ist das Lernen, ein anderer das Soziale.

Er versucht scheinbar, der Clown der Klasse zu werden. Er versucht durch Herumalbern und Krawallmachen mit anderen in Kontakt zu treten. Wenn es in einem Spiel nicht nach ihm geht, beginnt er zu weinen oder herumzualbern und Sachen zu machen, die nicht vereinbart waren. Oder flippt völlig aus.

Jesper Juul: Ist es sehr schlimm, wenn er ausflippt, wenn er nicht bekommt, was er will?

Marlene: Ja, das kommt vor. Er schreit sehr laut und die Tränen schießen nur so aus seinen Augen.

Jesper Juul: Die meisten Kinder seines Alters haben ein sehr klares Selbstbild. Sie wissen sehr gut, wie sie sind. Man kann darüber philosophieren, wieso er auf sein Recht, kindlich zu sein, besteht. Ich gehe davon aus, dass er genau weiß, dass er das tut. Und wenn er in der Schule bestehen soll, dann muss er in der Schule damit aufhören.

Es dreht sich um Einsicht. Wenn er weiß, dass er mürrisch wird, wenn er seinen Willen nicht bekommt, und er das in manchen Situationen unterlassen kann, dann könnte es funktionieren. Wenn er aber noch nicht weiß, wie er reagiert, dann wird er in der Schule noch viel einstecken müssen. Sowohl von den Lehrern als auch von den anderen Schülern.

Es dreht sich um Einsicht. Wenn er weiß, dass er mürrisch wird, wenn er seinen Willen nicht bekommt, und er das in manchen Situationen unterlassen kann, dann könnte es funktionieren.

Es braucht nur ein Lehrer ein Mal ungeschickt sein und ironisch sagen: „Du bist doch kein Baby“, damit die anderen Schüler ihn nachmachen und das Gleiche sagen.

Benimmt er sich woanders, zum Beispiel bei seinem Vater, genau so?

Marlene: Ja, er macht genau das Gleiche. Ich glaube, dass ihm sein Vater mehr erklärt als ich. Ich lasse ihn sauer sein und er darf kommen, sobald er dazu bereit ist.

Jesper Juul: Dass Jan das tut, sagt uns an sich eigentlich nichts. Ich kenne Vierzigjährige, die das Gleiche tun. Die Handlung an sich ist somit nicht das Entscheidende, mehr schon, ob ihm klar ist, dass er es tut, und ob er die Konsequenzen kennt.

Was würde er wohl dazu sagen, wenn Sie ihm nach einem guten Schultag erzählen würden, Sie denken darüber nach, ob er selbst weiß, dass er manchmal völlig ausflippt und dass das dazu führen könnte, dass er dafür gescholten und von den anderen aufgezogen werden könnte? Das wäre lustig zu hören. Einfach um herauszufinden, ob er diese Seite an sich sehen kann.

Kann er das nicht, hat er einen steinigen Weg vor sich. Und er riskiert, ganz unten in der Hierarchie zu landen, weil er so agiert. Es ist fraglich, ob es in einem Jahr besser wäre.

Jetzt hat er seinen besten Freund in der Schule und bisher hat die Freundschaft überlebt. Es ist die Frage, ob Sie mit den beiden einmal reden sollten.

Das Wichtigste ist, dass er nicht Gefahr läuft, von den anderen dafür aufgezogen zu werden.

Durch so viele Jahre hindurch waren die beiden wie die Kletten und es wäre schade, würde Magnus sich gezwungen fühlen, sich von Jan zu distanzieren. Vieles wird davon abhängen, wie Jan sich selbst sieht. Ist Magnus ein wenig frühreif?

Marlene: Ja, das ist er.

Jesper Juul: Ja, dann ist ein Gleichgewicht da und Magnus könnte lernen, Jan daran zu erinnern, es mal wieder mit der Ruhe zu nehmen.

Ansonsten dreht es sich darum, welche Zusammenarbeit man von den Lehrern „einfordern“ kann. Ich würde mit seinen Lehrern sprechen und ihnen sagen: „Ich weiß, dass es schwierig sein kann, mit meinem Sohn zusammen zu sein, weil er verhältnismäßig impulsiv und kindisch reagiert, wenn er frustriert wird. Daran arbeiten wir zu Hause. Sie brauchen aber nicht an seinem Drama teilzunehmen. Sie sollen es nicht ignorieren, aber setzen Sie einfach mit dem Unterricht fort und er beruhigt sich wieder. Das Wichtigste ist, dass er nicht Gefahr läuft, von den anderen dafür aufgezogen zu werden.“

Wenn man zu Lehrern geht und sagt: „Mein Sohn braucht mehr Fürsorge“, stellen sie sich taub. Hier bieten Sie etwas an, das ihr Leben erleichtert.

Nach dem Gespräch

Ich habe mit Jan darüber gesprochen, dass er so sauer und gereizt wird und zu weinen beginnt. Er hatte nicht darüber nachgedacht. Ich fragte ihn, ob er verstehen könnte, dass andere Kinder darauf reagieren. Darüber hatte er auch nicht nachgedacht. Ich fragte, ob er vor dem Ausflippen schon versucht hätte, sich zu beherrschen. Nur ein Mal, sagte er, und damals hätte er sich nicht beherrschen können. Ich fragte, ob er versuchen möchte, damit aufzuhören. Das will er.

Gestern hatte sein Vater vergessen, ihm seine Schultasche mit zur Schule zu nehmen, weshalb ich ihm die Tasche brachte. Als ich gehen musste, wurden seine Augen feucht und er wollte mit mir in die Arbeit gehen.

Ich fragte, ob er sich an das Gespräch vom Samstag erinnern könne. Das konnte er, es gelang ihm sich zusammenzureißen und so hatte er einen guten Tag in der Schule.

Im Hort hätte er sich eine ganze Stunde mit Handarbeit beschäftigt, erfuhr ich. Das Personal wunderte sich darüber. Er kann also auch weniger impulsgesteuert handeln. Es ist nur eine Frage des Trainings. Jetzt braucht er Zeit, um das in Ruhe lernen zu können. Es war wirklich phantastisch, mit ihm darüber zu reden und zu merken, wie sehr er das will. Jetzt will ich mit den Lehrern und den Leuten im Hort darüber reden.

Große Meinungsverschiedenheiten nach Scheidung

Der 12-jährige Mathias wohnt abwechselnd bei seinem Vater und seiner Mutter. Die Eltern können sich nicht darüber einigen, welche Grenzen der Junge braucht und der Vater fürchtet, dass ihm das schadet. Jesper Juul schlägt vor, dass der Vater seine Sorgen der Mutter gegenüber klar äußert.

Brief an familylab

Ich bin ein 37-jähriger Vater, der von seiner Frau geschieden wurde, als der gemeinsame Sohn drei Jahre alt war. Zwei Jahre danach traf ich meine neue Frau Carina, mit der ich seither zusammenlebe. Heute ist Mathias zwölf und wohnt jeweils eine Woche bei seiner Mutter und eine bei mir, Carina und unserer Tochter Nora (2).

Carina und ich fühlen uns durch die Freiheit, die Mathias' Mutter ihm lässt, und seine Rastlosigkeit stark herausgefordert. Wir befürchten in absehbarer Zeit große Konsequenzen für Mathias, weil er von den beiden Lagern so unterschiedliche Richtlinien bekommt. Wir brauchen eine Lösung und hoffen, dass Sie uns helfen können.

Viele Grüße

Carina und Martin

Das Gespräch

Jesper Juul: Was ist es, worüber wir reden sollen?

Carina: Zwischen uns und Mathias' Mutter bestehen große Unterschiede bezüglich der Wertvorstellungen. Er wechselt im Wochentakt und es fällt ihm unglaublich schwer sich zu konzentrieren. Auch in Hinblick auf die Aufgaben. Kann das daran liegen, dass wir ihn zu sehr hin- und herreißen?

Martin: Wir haben ihn gefragt, ob er lieber länger an einem Ort bleiben wolle. Da sagt er dann: „Nein - das ist schon okay." Aber er hat ja auch nichts anderes kennen gelernt. Schaden wir ihm? Er ist so hektisch. Wenn er beispielsweise ein Gedicht für die Schule schreiben soll, dann schreibt er gleich an sieben Gedichten, weil er dann einen Sammelband machen will. Er kennt jemanden, der einen Verlag hat und das Buch herausgeben könnte und faselt bereits über die Rezeption!

> Ich denke nur: „Schaden wir ihm?"

Jesper Juul: Haben Sie den Eindruck, dass er sich in diese Richtung geändert hat, oder war er schon immer so?

Martin: Ich finde, dass das immer schon ein Teil von ihm war. Es fällt ihm schwer alleine zu spielen und sich zu konzentrieren. Gerade finden wir den Zugang zu ihm, dann muss er wieder zu seiner Mutter.

Jesper Juul: Was ist der Hauptunterschied zwischen Ihnen und seiner Mutter?

Carina: Dass wir meinen, dass man manchmal einen Erfolg erarbeiten muss. Und dass es Erwachsenengespräche gibt, die ihn nichts angehen, beispielsweise dass seine Mutter neureich ist und ständig von Geld spricht.

Jesper Juul: Kommentiert er das?

Carina: Ja. Zum Beispiel hat er bei uns zu Hause keinen Computer. Bei seiner Mutter hat er einen, wo er Filme schaut und Playstationspiele für über 15-Jährige spielt.

Jesper Juul: Spricht er über die Unterschiede zwischen den Wertvorstellungen, die bei Ihnen bzw. seiner Mutter gelten?

Carina: Ja. Er sagt durchaus, dass es da große Unterschiede gibt. Aber er beklagt sich nicht darüber.

Jesper Juul: Was sonst?

Martin: Am ersten Tag bei uns gibt er immer ganz viele Sachen zu. Beispielsweise, dass er einen Jackass-Film kauft, der erst ab 15 zugelassen ist. „Aber Mutter erlaubt mir das. Und du willst das ja nicht." „Nein, das darfst du hier nicht", sage ich dann. Gleichzeitig befürchte ich, dass dieses Vertrauen irgendwann weg sein könnte.

Jesper Juul: Ich glaube nicht, dass Sie davor Angst haben müssen, jedenfalls nicht bevor er in die Pubertät kommt und sich etwas Privatleben verschafft. Wem ähnelt er Ihrer Meinung nach am meisten?

Carina: Am Beginn jeder Woche bei uns macht er vieles, was an seine Mutter erinnert. Gegen Ende der Woche wird er ruhiger und spielt nicht mehr Weltmann.

Irgendwie hatte ich die Verantwortung als Vater von mir gewiesen, weil das einfacher war.

Jesper Juul: Um auf Ihre Frage zu antworten: Ich glaube nicht, dass Sie ihm schaden. Meine etwas bescheidene Diagnose lautet jedoch, dass er permanent gestresst ist, und das seit langem. Würde er bei Ihnen ein oder zwei Jahre wohnen, würde sich das geben. Ich glaube auch, dass Sie eine gute Entspannungslehrerin oder einen guten Entspannungslehrer finden sollten, der ihm beibringen kann, sich auf seinen eigenen Körper zu konzentrieren. Damit er auch spüren kann, was gut und was schlecht ist, anstatt zwischen seinen uneinigen Eltern hin- und hergerissen zu sein.

Carina: Ja, er passt sich fast zu schnell an.

Jesper Juul: Es ist ja nicht schlecht, das zu können. Er hat sich so verhalten, wie die Bedingungen es von ihm verlangt haben und sich dort und da angepasst, damit alles funktioniert. Und dann ist es wichtig, ihm klar zu machen, dass er etwas noch nicht gelernt hat, nämlich sich um sich selbst zu kümmern. Loben Sie ihn, weil er es so gut schafft, in zwei Familien zu leben, ohne die eine Welt zu idealisieren und die andere zu verachten. Und dass Ihnen auch aufgefallen ist, wie schwer es ihm fällt, zwischen den Eltern zu wechseln.

Mit Ihrem Angebot lernt er zu spüren, wer er ist und wie es ihm geht. Fragen Sie ihn, ob er dazu Lust hätte. Und es ist gut zu sagen, dass „wir schon glaubten, dass es ein Problem wäre, aber das ist es nicht. Es ist einfach etwas, was du lernen musst."

Martin: Das meine ich, wenn ich davon spreche, ihm weh zu tun. Ich kann ihn nicht erreichen. „Wo bist du, Mathias?", frage ich mich zwischendurch.

Jesper Juul: So ist es mit vielen Kindern. Sie sind bereits um 14 Uhr überstimuliert und sehnen sich danach sich selbst zu spüren. Sie könnten ihm auch helfen, indem Sie ihm sagen, dass Sie ihn am liebsten bei sich hätten.

Carina: Da würde seine Mutter niemals zustimmen!

Jesper Juul: Nein, nein, aber er weiß dann, woran er mit Ihnen ist. Und er muss lernen mitzuteilen, was er meint, was er sich denkt und haben will, statt zu sagen, was strategisch gerade passt. Und dann können Sie ihm klarmachen, dass es nicht seine Aufgabe ist, dafür zu sorgen.

> „Geteilte Kinder" haben ein besonders großes Bedürfnis, beachtet und unterstützt zu werden, wenn sie zu sehr kooperieren.

Carina: Sie meinen also, dass wir ihm vorschlagen sollten, was wir am liebsten hätten? Seine Mutter darf sich aber von uns nicht verleumdet fühlen.

Jesper Juul: Nein, Sie verleumden sie ja auch nicht. Sie erzählen ja nur, was Sie gerne hätten. Den meisten Widerstand, den er braucht, um herauszufinden, wer er ist, bekommt er bei Ihnen. Es kann aber sein, dass er zuerst lernen muss sich zu entspannen, bevor Sie das andere sagen.

Martin: Insgeheim würden wir uns ja wünschen, dass er sagt: „Ich möchte bei euch wohnen."

Jesper Juul: Irre ich mich, oder weiß er, dass das im Moment nicht möglich ist?

Carina: Ich kann sehen, worauf Sie hinaus wollen.

Jesper Juul: Ja, es ist wichtig, dass er weiß, was Sie wollen. Die Wahrheit ist ja nie politisch korrekt. Die Wahrheit ist nur die Wahrheit.

Martin: Und dann sprechen wir mit seinen Lehrern darüber, wie wir ihm helfen können, sich besser zu konzentrieren.

Jesper Juul: Seine Lehrer sollen ihm Schritt für Schritt Freiheiten geben und ihn beruhigen, wenn er sich verwirrt fühlt: „Es ist okay, wenn du dich jetzt verloren fühlst, versuch zur Ruhe zu kommen, triff Entscheidungen und geh weiter." Es ist unheimlich wichtig, dass es nicht zu einem Problem gemacht wird. Faktum ist, dass er sein Leben in zwei sehr unterschiedlichen Familien verbracht hat. Er hat viel gelernt, aber manches nicht - das kann er in den nächsten Jahren lernen.

Nach dem Gespräch

Seit wir mit Jesper Juul sprachen, ist sehr viel geschehen. Zuerst kontaktierten wir einen Entspannungslehrer, mit dem Mathias einige Sitzungen hatte, in denen er ganz entspannen konnte. Danach haben wir unser Augenmerk darauf gelenkt, ihm Verschiedenes beizubringen. Ich hatte immer nur erwartet, dass er Fertigkeiten wie Zimmer aufräumen, sich waschen, Haare waschen und Bett machen beherrscht. Aber man muss ihm ja beibringen, wie man das tut, und das kann ich jetzt besser.
Wir haben uns auch Mathias' Mutter gegenüber klar geäußert und sie hat eingesehen, dass viel Arbeit auf sie zukommt. Und sie hat damit begonnen.
Mir ist auch bewusst geworden, was es heißt, Teil einer Scheidungsfamilie zu sein. Ich finde, dass das Thema Verantwortung verwirrend ist, wenn man sein Kind teilt. Wer hat eigentlich die Verantwortung? In gewisser Weise niemand. Jeder will eine schöne Zeit mit dem Kind verbringen, solange es da ist.
Es gibt Sachen, die ich erlaubt habe, weil ich es nicht besser wusste. Irgendwie hatte ich die Verantwortung als Vater von mir gewiesen, weil das einfacher war.
Ich habe meine Verantwortung nicht so wahrgenommen, wie ich das gerne getan hätte. Das habe ich in der letzten Zeit eingesehen, und ich habe vor, weiter daran zu arbeiten, damit ich Mathias die notwendige Unterstützung geben kann.

Wenn sich Ihre Wertesysteme stark unterscheiden

1. Es ist notwendig und möglich, Verschiedenheiten anzusprechen, ohne den anderen schlecht zu machen.
2. Beachten Sie, dass es eine große Herausforderung für ein Kind ist, sich ständig mit zwei Wertesystemen auseinandersetzen zu müssen. Schätzen Sie es, wenn es gelingt, und seien Sie geduldig, wenn es nicht gelingt.
3. Helfen Sie dem Kind, sich selbst zu spüren, bevor Sie Anpassung verlangen.
4. „Geteilte Kinder" haben ein besonders großes Bedürfnis, beachtet und unterstützt zu werden, wenn sie zu sehr kooperieren.

familylab
die Familienwerkstatt

familylab bietet Eltern wertvolle Inspiration und Beratung. Wir ermuntern Eltern gemeinsam zu erforschen: Wer sie sind und was sie sich wünschen – bezogen auf ihre Familie im Allgemeinen ebenso wie auf aktuelle Konflikte, die sie erfahren. familylab gibt es in vielen Ländern Europas: Dänemark, Norwegen, Schweden, Deutschland, Österreich, Kroatien, Slowenien, Türkei und Italien. Weitere Länder folgen.

Was Sie als Eltern von familylab.at und familylab.de erwarten können

Wir bieten Ihnen Beratung, Vorträge und Workshops durch qualifizierte Fachleute in Ihrer Nähe. Im Internet finden Sie umfangreiche Informationen rund um das Zusammenleben in der Familie, Videos, Downloads, Interviews, Veranstaltungshinweise, Büchershop, den familylab-newsletter und vieles mehr.

familylab.at und familylab.de für Familien, Schulen und Betriebe

Wir bieten Inspiration, Vorträge und Workshops für Firmen und ihre Mitarbeiter wie auch für Schulen, Leitungsteams und Lehrer an. Schreiben Sie uns!

Weiterbildung zur familylab-Seminarleiterin/ zum familylab-Seminarleiter

Wenn Sie Eltern mögen und vertrauen und wenn Sie mithelfen wollen, dass die Beziehungen von Eltern und ihren Kindern noch besser werden, dann beachten Sie unser Weiterbildungsangebot zur familylab-Seminarleiterin/zum familylab-Seminarleiter. Wir suchen Fachleute mit mindestens fünf Jahren Berufserfahrung, die sich für ein neues, außergewöhnliches Projekt für Eltern engagieren wollen. Wir bieten Ihnen ein intensives, achttägiges Training mit einem zertifizierten Abschluss durch familylab International und Jesper Juul sowie fortlaufende qualifizierte Weiterbildungen.

Mehr Informationen erhalten Sie bei:

www.familylab.at

eMail: info@familylab.at
Postanschrift:
familylab.at
Mag.[a] Claudia Buchanan
Sonnbergstraße 45
2380 Perchtoldsdorf

www.familylab.de

eMail: info@familylab.de
Tel: 0049 89 219 499 71
Fax: 0049 89 22 807 200
Postanschrift:
familylab.de
Mathias Voelchert GmbH
Amalienstrasse 71
80799 München

Dr. Norbert Arlt

Einzelkind - Privileg oder Schicksal

Warum dieses Buch?
Es gibt immer mehr Einzelkinder und sie kommen häufiger als Kinder mit Geschwistern aus Problemfamilien. Einzelkinder haben es meist viel schwerer, sich aus der geistigen Welt der Eltern zu lösen, wenn es um Werte, Haltungen und Einstellungen geht. Als Einzelkind die Eltern zu enttäuschen, ist für die meisten Menschen ein zu großes Problem. Anhand von 45 Einzelbeispielen stellt der Autor Schicksale und Chancen dieser Menschen emotional nachvollziehbar und spannend dar.
Parallelen zur griechischen Mythologie sowie Entsprechungen aus den tiefenpsychologischen Deutungen von Märchen machen das Lesen kurzweilig und interessant.
Dieses Buch wendet sich an alle Einzelkinder und ihre Eltern und soll ihnen helfen, ihre Chancen und Lösungsansätze besser wahrnehmen zu können. Sowie an PädagogInnen, KindergärtnerInnen, ÄrztInnen, PsychotherapeutInnen, SozialarbeiterInnen und SozialpädagogInnen.

Harville Hendrix, Ph.D. & Helen LaKelly Hunt, Ph.D.

So viel Liebe wie mein Kind braucht

Der gemeinsame Weg in ein erfülltes Leben

Erstmals in deutscher Sprache erhältlich!

Die große Krise der Familien in unserer Zeit wirft hunderte Fragen auf. *So viel Liebe wie mein Kind braucht* zeigt einen Weg, wie bewusste Partnerschaft *und* bewusste Elternschaft lebbar werden. Es bietet eine Fülle großartiger Einsichten und hilfreicher, lebensnaher Hinweise.

„Harville Hendrix und seine Frau Helen LaKelly Hunt haben gemeinsam ein wirklich herausragendes Buch über die bewusste Eltern-Kind-Beziehung geschrieben. Sie legen anschaulich dar, dass unsere frühkindlichen Erfahrungen sich ganz besonders darin widerspiegeln, wie wir später selbst mit unseren Kindern umgehen. Allen Eltern dieser Welt möchte ich es wärmstens ans Herz legen!"

Jerry M. Lewis, Universitätsprofessor und Therapeut, Dallas

Harville Hendrix, Ph.D.

So viel Liebe wie Du brauchst

Der Wegbegleiter für eine erfüllte Beziehung

Die 20-Jahr-Jubiläumsausgabe inkludiert 20 Jahre an therapeutischer Erfahrung von Harville Hendrix und Helen LaKelly Hunt. Sie enthält ein umfassendes, neues Vorwort, neue Übungen und ein neues Kapitel, das in berührender Weise zeigt, wie wichtig es für uns ist, unsere Partnerschaft von negativen Gedanken und Kritik zu befreien.

Harville Hendrix und seine Frau Helen LaKelly Hunt, beide haben das Doktorat in Philosophie, begründeten die außergewöhnlich erfolgreiche Imago-Paartherapie, einen heilenden Weg für Paare aller Altersstufen und Lebensumstände.

Harville Hendrix, Ph.D.

Ohne Wenn und Aber

Vom Single zur Liebe fürs Leben

Dieses zweite Werk von Harville Hendrix ist ein geheimer Schatz, der darauf wartet, von Paaren und von Singles gehoben zu werden. Durch die Beschäftigung mit unserer Kindheit, mit unseren verlorenen und verdrängten Selbstanteilen und mit vielen neuen, lohnenden Übungen können wir zu unserer vollen Lebendigkeit zurückfinden.

Wenn Sie erkannt haben, *wie viel Liebe* Ihr Partner *und Sie brauchen*, dann ist es an der Zeit, ein erfülltes und glückliches Leben zu verwirklichen - *ohne Wenn und Aber!*

Tammy Nelson

Der Sex meiner Träume

Mit dem Imago-Dialog zu neuer Leidenschaft

Deutsche Erstausgabe!

Diese Buch zeigt, wie sich die außergewöhnlich erfolgreiche Imago-Beziehungstheorie und der heilende Zugang des Imago-Dialogs auch auf den Bereich der Sexualität übertragen lassen.

Beziehung ist Therapie und unser Partner hat das Potenzial, uns Heilung zu schenken. In keinem anderen unserer Lebensbereiche sind wir körperlich, seelisch und geistig so tief berührbar wie in der Sexualität. Deshalb liegt in der sexuellen Beziehung ein unvergleichliches Heilungspotenzial. Heben Sie diesen Schatz!

Unser gesamtes Verlagsprogramm finden Sie auf

www.rgverlag.com